Auf der Spur der Wölfe

Ronald D. Lawrence

AUF DER SPUR DER WÖLFE

Wilhelm Heyne Verlag · München

Titel der kanadischen Originalausgabe:

TRAIL OF THE WOLF

Ins Deutsche übertragen von Marcus Würmli

Die Originalausgabe erschien im Verlag Key Porter Books Limited, Toronto, Ontario, Canada

Umschlaggestaltung: Art & Design Norbert Härtl, München
Layout: Scott Richardson
Karten und Illustrationen: Dorothy Siemens
Abbildungen (ohne Legende): Thomas Kitchin (S. 1, 3, 70), B. T. Aniskowicz (S. 2), John und
Ann Mahan (S. 5), W. Perry Conway (S. 6), Tom und Pat Leeson (S. 16), Wm. Munoz (S. 42),
E. A. James/NHPA (S. 80), Bob Gurr Photo (S. 96), National Archives of Canada (S. 120),
C. Allan Morgan (S. 146)
Satz: Kort Satz GmbH, München
Druck und Bindung: New Interlitho, Mailand

ISBN 3-453-07404-1

Printed in Italy

INHALT

VON WÖLFEN UMGEBEN

AN EINEM FRÜHEN FEBRUARMORGEN DES JAHRES 1955 HATTE ICH MEINE ERSTE unmittelbare Begegnung mit Wölfen. Es war ein respekteinflößendes Erlebnis, besonders, da ich mich erst zwei Monate zuvor im nördlichen Teil Ontarios niedergelassen hatte. Ich war von England nach Kanada gekommen, und in meinem Kopf spukten die europäischen Mythen, die den Wolf mit den groben Pinselstrichen des Hasses und der Angst zeichnen. Wölfe sind in den meisten dieser Geschichten wilde, blutrünstige Tiere, die Menschen angreifen. Sie erzählen, daß Wölfe mehr Beutetiere töten, als sie fressen können, und andere Geschichten verbreiten die Ansicht, Wölfe besäßen die Kraft, Menschen in Werwölfe zu verwandeln. Alles in allem erscheint der Wolf in diesen Schauermärchen als der fleischgewordene Teufel.

Als Biologe glaubte ich freilich nicht an all diese lächerlichen Geschichten. Doch an jenem Tag, als ich gerade den Pfad betreten hatte, den ich mir selbst eine Woche zuvor in den nördlichen Nadelwald geschnitten hatte, begann ich erstmals über Wölfe nachzudenken. Obwohl ich dieselbe Route schon ungefähr ein dutzendmal unbekümmert zurückgelegt hatte, beschlich mich doch plötzlich ein ungewisses Gefühl, als ich eng von den Schwarzfichten umgeben war, so daß die Sichtweite nur wenige Meter beiderseits des Pfades reichte. Unerklärlicherweise und zum erstenmal fühlte ich mich völlig allein. Unbewaffnet, außer einer Axt und einer Bügelsäge, und weit von meinem nächsten Nachbarn

In tiefem Schnee kommen Wölfe nur schwer voran. Deshalb benutzen sie oft schneebedeckte Gewässer und feste Pfade, um von einem Gebiet ins andere zu gelangen.
© J. D. Taylor

entfernt, fragte ich mich, ob es wirklich gefahrlos sei, ohne Gewehr auf Schneeschuhen durch Wolfsland zu ziehen.

Die Temperatur lag bei minus 30 Grad, und knietiefer Schnee bedeckte den Boden. Mein Pfad führte an eine Stelle, an der ich Fichten schlug, um sie einer Papiermühle zu verkaufen. Kurz nach dem Betreten des Pfades fand ich die gewohnte Palette von Tierspuren. Die ersten Abdrücke hatten Elche mit ihren Hufen hinterlassen. Als sich der Weg weiter verengte, machte ich halt, um die feinen Spuren von Rothörnchen und Mäusen zu betrachten. Gelegentlich waren auch die Trittsiegel von Kragenhühnern mit ihren drei Zehenabdrücken zu erkennen.

Nachdem ich gut einen Kilometer gegangen war, kam ich zum Holzschlagplatz eines Nachbarn und plauderte mit ihm einige Minuten lang. Ich sah, daß er ein Gewehr bei sich hatte. Es hing am Tragegurt vom Stumpf eines abgeschnittenen Astes. Mein Nachbar sah, daß ich auf sein Gewehr blickte, und erklärte mir, er trage es immer bei sich, wenn seine Fleischvorräte zur Neige gingen. »Für Elche«, sagte er. »Und wenn ich gelegentlich einen Wolf sehe, schieße ich ihn. Das Fell bringt ein paar Dollar ein.«

Kurz darauf machte ich mich wieder auf den Weg. Die Sonne ging gerade über den Bäumen auf, und der klare blaue Himmel versprach einen kalten, aber schönen Tag. Weil ich noch gut zwei Kilometer bis zu meinem Holzschlagplatz zurückzulegen hatte, begann ich mich zu beeilen. Ich stapfte durch den Schnee und widmete den Spuren nicht mehr viel Aufmerksamkeit, bis ich auf die unverkennbare Fährte von Wölfen stieß. Sie hatten den Pfad erst vor kurzem überquert, dachte ich, und es waren ziemlich viele gewesen, vielleicht sechs oder sieben, wie man an den zahlreichen Spuren und ihrer leicht unterschiedlichen Größe erkennen konnte. Ich zwang mich zum Weitergehen und versuchte, nicht an Wölfe zu denken.

Schließlich erreichte ich meinen Holzplatz. Ich zog die Schneeschuhe aus und

Das Pfeifen des Sturmes durch die Baumwipfel und Felsenklüfte regt die Wölfe zum Heulen an.
© Peter McLeod / First Light

legte den Brotbeutel ab, in dem ich Sandwiches für das Mittagessen und eine Thermosflasche mit Kaffee trug. Ich legte ihn auf einen Stoß von Stämmen, die ich in den vergangenen fünf Tagen gefällt und aufgeschichtet hatte, und wählte schließlich eine Schwarzfichte als nächste Arbeit. Mit der Axt schlug ich die Fall-kerbe ein. Dann kniete ich mich in den Schnee und begann mit der Bügelsäge meine Arbeit an der anderen Seite des Stammes, als ich irgendwo in der Nähe Zweige knacken hörte. Sekunden später war zweimal ein Geheul zu vernehmen. Es waren kurze Rufe, jeder unterbrochen von einem tiefen Bellen. Wölfe!

Als ich aufstand, die Säge fallen ließ und die Axt ergriff, merkte ich, daß ich von Wölfen umgeben war. Sie liefen im Kreis um mich herum und ließen ihr bellendes Heulen erschallen. Dieser Alarmruf beginnt mit einem relativ hohen Bellen, das fast unmittelbar in ein kurzes Geheul übergeht. Trotz allem hielten sie Distanz. Mein Herz klopfte gewaltig, und meine Nackenhaare sträubten

9

sich. So begann ich mich gegen den ungefähr eineinhalb Meter hohen Holzstoß zurückzuziehen. Doch sobald ich mich bewegte, wurde das Geheul stärker. War es zunächst tief gewesen, so stieg nun die Tonhöhe an. Und es kamen immer mehr Wölfe. Ich drehte mich mit dem Gesicht zu den Stämmen und stürzte unbeholfen zum Holzstoß. Dort angekommen, kletterte ich hinauf und packte einen kurzen dicken Pfahl, den ich als Maß verwendet hatte. Voller Angst und unsicher, was ich nun tun sollte, hielt ich krampfhaft die Axt in der rechten Hand und meine behelfsmäßige Keule in der linken. Ich hatte schon mehrere Wölfe genauer erkennen können – große, graubraune Tiere, die schnell und leichtfüßig durch den Schnee liefen. Ich war ganz sicher, daß sie mich angreifen und wahrscheinlich töten würden.

Die Wölfe umkreisten mich weiter, blieben aber meist zwischen den Bäumen und wagten sich nur in seltenen Fällen auf meine kleine Lichtung vor. Manchmal kamen ein oder zwei Tiere bis auf ungefähr sechs Meter an mich heran und hielten einige Sekunden inne. Sie starrten mich an und eilten dann zurück in den Schutz der Bäume, um ihre nervenaufreibende Kakophonie wiederaufzunehmen. Ich kann nicht sagen, wie lange ich auf dem Holzstoß stand und meine kümmerlichen Waffen krampfhaft festhielt; vielleicht waren es zehn Minuten, vielleicht auch eine halbe Stunde. Ich weiß nur, daß dies das schrecklichste Erlebnis meines Lebens war. Am Ende konnte ich die Spannung nicht mehr aushalten und entschloß mich, wenn ich doch ohnedies angegriffen würde, die Initiative lieber selbst zu ergreifen und einen Fluchtversuch zu wagen.

Ich nahm meinen ganzen Mut zusammen, sprang vom Holzstoß, zögerte aber, da ich nicht sicher war, ob ich die Schneeschuhe anziehen sollte oder nicht. Nach kurzem Nachdenken entschloß ich mich dagegen, denn ich hätte die Axt und meine Keule aus den Händen legen und mich niederbeugen müssen, um die Schneeschuhe anzuschnallen, wodurch ich mir eine Blöße gegeben hätte. Ich entschied mich loszugehen und stapfte durch den Schnee bis zum

*Durch Körperkontakt
verstärkt das Rudel die
Gruppenbindung vor
der Jagd.*
© Wm. Munoz

Anfang meines Pfades. Ich bewegte mich langsam und versuchte, ruhig und zielbewußt zu erscheinen. Zu meiner Überraschung kam ich ohne Zwischenfall zum Pfad und bemerkte erst dann, daß die Wölfe mit Heulen und Bellen aufgehört hatten, als ich mich in Bewegung gesetzt hatte.

Hatte das Rudel beschlossen, mich ziehen zu lassen?

Nach zwanzig oder dreißig Schritten hielt ich inne, als ich mit einem Mal gewahr wurde, daß der Wald ganz ruhig war. Die einzigen Geräusche, die an mein Ohr drangen, waren das Rauschen des Windes in den Baumwipfeln, das Singen der Chickadee-Meisen und das weit entfernte Krächzen von Raben. Von den Wölfen war nichts mehr zu vernehmen.

Ich fühlte mich nun etwas sicherer und stapfte weiter, denn ich wollte den Holzschlagplatz meines Nachbarn erreichen. Ich hatte vor, mir sein Gewehr auszuleihen und dann wieder zurückzukehren, um weiterzuarbeiten. Schließlich erreichte ich mein Ziel. Mein Nachbar hatte die Wölfe zwar gehört, doch daß sie mich umzingelt hatten, hatte er freilich nicht ahnen können. Jedenfalls lieh er mir seine Flinte mit einem Dutzend Patronen, und ich ging meinen Weg wieder zurück.

Ungefähr zwei Stunden, nachdem mich das Wolfsrudel vertrieben hatte, war ich wieder auf meiner kleinen Lichtung mit dem Gewehr in Griffnähe. Trotz der Waffe hatte ich Angst, besonders als ich sah, daß viele Wölfe den Schnee in meiner Lichtung niedergetreten hatten. Sie hatten offensichtlich den Holzstoß untersucht und dem Baum, den ich gerade fällen wollte, besondere Aufmerksamkeit geschenkt. Ein oder mehrere Rudelmitglieder hatten Harnspritzer auf die Fallkerbe und den Holzstoß abgegeben sowie auf die Bügelsäge, die ich im Schnee liegengelassen hatte.

Langsam kehrte mein biologisches Interesse zurück. Ohne Zweifel wegen des geliehenen Gewehrs empfand ich keine Angst mehr, als ich die Spuren zu untersuchen begann. Zunächst verwirrten mich die zufälligen Trampelspuren,

Streit um die Reste eines Beutetieres. Ein erwachsener Wolf kann bei einer einzigen Mahlzeit etwa neun Kilo Fleisch fressen. Doch die tägliche Durchschnittsmenge ist viel geringer.
© W. Perry Conway

doch bald merkte ich, daß eine Wolfsgruppe in östlicher Richtung abgezogen war. Eine kurze Strecke folgte ihren Spuren, doch plötzlich erblickte ich ungefähr drei Meter vor mir zahlreiche blutige Flecken auf dem Schnee. Ich tastete mich langsam und vorsichtig voran und stieß schließlich auf die Überreste eines Weißwedelhirsches.

Der Schnee um die Reste herum war stark aufgewühlt. Haufen von rötlich-weißem Haar lagen ringsum. An einer Stelle fand ich den Kopf des Hirsches. Einige Haut- und Fellfetzen hingen noch daran, der Schädel war geöffnet und das Gehirn gefressen worden. Ein Auge fehlte, das andere war durchgebissen. Ich zählte neun große Löcher im Knochen, die von den Eckzähnen der Wölfe stammten.

Nun begriff ich, daß ich zu meinem Holzschlagplatz gelangt sein mußte, entweder unmittelbar nachdem die Wölfe den Hirsch getötet hatten oder als das Rudel bereits mit dem Fressen begonnen hatte. Mir wurde klar, daß das Rudel große Nachsicht geübt hatte, denn eine Gruppe von Fleischfressern bei ihrer Mahlzeit zu stören, kann erhebliche Schwierigkeiten zur Folge haben. Doch meine Ankunft provozierte keinen Angriff. Statt dessen hatten mich die Wölfe einfach vertrieben.

Meine Angst vor Wölfen verschwand an diesem Tag – bis auf einen kleinen Rest, denn die Schauermärchen prägen sich ein in die tiefsten Schichten der Seele und sind von dort nur schwer zu vertreiben.

Als ich später das Gewehr meinem Nachbarn zurückbrachte, erzählte ich ihm von den Hirschresten und gestand ihm, daß mich die Konfrontation doch sehr erschreckt hatte. Er lächelte, nickte mit dem Kopf und meinte, er sei während der fünfunddreißig Jahre, die er im Wolfsland lebte, kein einziges Mal so heftig von Wölfen bedroht worden.

»Weißt du, du hast Glück gehabt, daß du sie gesehen hast. Die Wölfe halten sich in der Regel von Menschen fern. Ich habe hie und da immer nur Einzel-

exemplare gesehen, und alle verschwanden sehr schnell, wenn sie mich bemerkten.«

Meine Begegnung mit dem Rudel beeindruckte mich zutiefst und steigerte mein Interesse an den Wölfen. Während ich auf meinen Schneeschuhen zur Blockhütte zurückging, fragte ich mich, wie ich sie weiter untersuchen konnte.

Etwa einen Monat später, als ich bei Sonnenuntergang durch den Wald nach Hause zurückkehrte, spürte ich, daß ich verfolgt wurde. Erneut beschlich mich Angst, aber diesmal war es kein panischer Schrecken. Vermutlich machte mich einfach das Wissen nervös, daß mir ein Lebewesen folgte, das ich nicht sehen konnte.

Bei dieser Gelegenheit war meine einzige Waffe ein großes Jagdmesser. Wie beim erstenmal war ich völlig allein und weit vom nächsten Menschen entfernt. Ich erinnerte mich jedoch an meine ungerechtfertigte Angst vor dem Wolfsrudel und beruhigte mich, so daß der gesunde Menschenverstand wieder die Oberhand gewinnen konnte. Als Biologe war ich sehr neugierig. Ich wollte sehen, wer mir denn folgte.

Ich hielt inne und drehte mich schnell um. Hinter mir war nichts zu sehen. Hatte ich einen Fehler gemacht? Ich ging weiter und spürte unmittelbar darauf erneut, daß mir jemand folgte. Ich machte ein paar weitere Schritte und drehte mich schnell um, dieses Mal jedoch ohne anzuhalten. So konnte ich gerade noch den Anblick eines Wolfes erhaschen, der mit einem Satz den Pfad verließ. Meine Neugier war geweckt. Warum folgte mir das Tier? Es lag auf der Hand, daß es mich nicht angreifen konnte. Wäre dies seine Absicht gewesen, so hätte es den Angriff bereits gewagt. Dann fiel mir ein, daß eines von den beiden Fleischsandwiches, die ich mir als Mittagessen eingepackt hatte, sich noch in dem Beutel befand, den ich bei mir trug. Konnte der Wolf gekochtes Fleisch riechen? Oder war er vielleicht am Geruch der Gurtbänder meiner Schneeschuhe interessiert?

Abgesehen vom Menschen weist der Wolf unter allen lebenden Landsäugetieren die weiteste natürliche Verbreitung auf.
© Tom und Pat Leeson

All diese Fragen stellten sich mir, als ich weiterging und erneut die Anwesenheit meines Verfolgers spürte. Als ich schon fast an der Lichtung, auf der mein Haus stand, angekommen war, nahm ich das Sandwich aus der Tasche und legte es auf den Weg. Dann ging ich weiter, kam auf die Lichtung und durchquerte sie. Nach über fünfzig Metern hielt ich inne und blickte zurück. Der Wolf saß am Waldrand und sah mich an. Es war ein großes Tier mit dunkelgrauem, glänzendem Fell. Im Schein der schräg einfallenden Sonnenstrahlen sah das Tier fast silbern aus, und dieser Farbton bildete einen Kontrast zu dem schwarzen sattelähnlichen Fleck auf seinen Schultern. Der Wolf hob den Kopf und zeigte dabei einen weißen, sternförmigen Fleck auf der Brust. Wir sahen einander an. Als ich mich dem Tier aber näherte, stellte es sich auf alle vier Beine, sah mich noch kurz an und trottete in den Wald zurück. Ich ging zurück, um nachzusehen, ob der Wolf das Sandwich gefressen hatte. Er hatte.

Nach meiner ersten Erfahrung mit dem Rudel ließ diese zweite nahe Begegnung in mir an Ort und Stelle den Entschluß reifen, mich neben meinem allgemeinen Studium der Natur auf Wölfe zu konzentrieren, auch wenn sich die Sache als schwierig erweisen würde. Von diesem Augenblick an wußte ich auch, daß ich mich niemals mehr vor Wölfen fürchten würde.

Als ich an jenem Abend über meine beiden Begegnungen mit Wölfen nachdachte, kam ich zu dem Schluß, daß ich schon zwei Dinge über diese Tiere gelernt hatte. Erstens hatten die Wölfe im Rudel eine beachtliche Intelligenz bewiesen. Zweitens hatte der Einzelgänger, der mir gefolgt war, dies offenbar deswegen getan, weil er etwas gerochen hatte, das sein Interesse erregte. Wenn das zutraf, so besaß der Wolf einen außerordentlich scharfen Geruchssinn.

Heute weiß ich, daß ich in beiden Punkten recht hatte. Ich brauchte allerdings siebenunddreißig Jahre des Studiums von Wölfen in freier Wildbahn und in Gefangenschaft, um herauszufinden, wie hochintelligent diese prächtigen Säuger tatsächlich sind.

KAPITEL 1

WAS IST EIN WOLF?

ALS ICH MIT MEINEN STUDIEN ÜBER DEN WOLF BEGANN, STELLTE ICH SCHNELL fest, daß in der Frage der Abstammung meines Lieblingstieres, der Zahl seiner Unterarten und ihrer Namen ziemliche Verwirrung herrschte.

Paläontologische Funde deuten darauf hin, daß der Vorfahr des Wolfes ein verhältnismäßig kleines Raubtier war, das sich im Oberen Miozän entwickelte, also vor etwa 15 Millionen Jahren. Aus diesem Vorfahren mit dem wissenschaftlichen Namen *Tomarctus* entwickelten sich durch schrittweise Anpassung die Wölfe, Füchse und eine Reihe anderer Verwandter, darunter auch unser Haushund. Die Familie der Hundeartigen (*Canidae*), zu der der Wolf gehört, umfaßt 16 Gattungen mit insgesamt 36 Arten, die weit über die Festlandregionen der Erde verbreitet sind.

Die heute noch lebenden Mitglieder der Familie Canidae werden in drei Unterfamilien eingeteilt, wobei vor allem das Gebiß die Unterscheidungskriterien liefert: die Anzahl der Zähne, ihre Form und Größe. Die größte Unterfamilie bilden die *Caninae* oder eigentlichen Hundeartigen. Sie umfaßt die Wölfe, die Hunde, die Kojoten, die Schakale, die Füchse, den Marderhund, den Mähnenwolf, den Waldhund, den Kurzohrfuchs und den Rothund.

Die beiden Wolfsarten – der eigentliche Wolf (*Canis lupus*) und der Rotwolf (*Canis rufus*) – bilden die beiden größten Mitglieder der eigentlichen Hundeartigen (*Caninae*). Die Biologen haben diese Arten in eine Reihe von Unter-

Ein Grauwolf springt im Frühsommer über einen umgestürzten Baumstamm.
© Erwin und Peggy Bauer

16

arten eingeteilt. Einige davon unterschied man jedoch nur aufgrund eines einzigen Knochens, der vom entsprechenden Knochen einer anderen Unterart abweicht, und so werden heute mehrere dieser Unterarten abgelehnt. Früher ging man davon aus, daß allein in Nordamerika fünfundzwanzig Unterarten existierten. Vier Unterarten des eigentlichen Wolfes zählte man auf den arktischen Inseln, neun lebten demnach in der Tundra und in Neufundland (seit 1911 ist der Wolf auf dieser Insel ausgestorben), sieben Unterarten besiedelten angeblich die westlichen Gebirgszüge und die Gebiete längs der Pazifikküste, und zwei sollten in den östlichen und zentralen Gebieten Nordamerikas vorkommen. Drei Unterarten des Rotwolfes unterschied man im Mississippital, in Texas und in Florida.

Die wissenschaftliche Literatur der letzten Jahre verzeichnet neunzehn heute noch lebende oder ausgestorbene Unterarten in Kanada, den Vereinigten Staaten und Mexiko sowie acht Unterarten in Europa und Asien. Eine dieser Unterarten, die in den zentralen Gebieten der Vereinigten Staaten und Kanadas vorkamen, war *Canis lupus nubilus*, der Nebraskawolf oder »buffalo wolf«, wie ihn die Amerikaner nennen, weil er sich vom Bison ernährte. Er wurde vor der Jahrhundertwende ausgerottet; allerdings behaupten einige ohne jeglichen Beweis, ein paar Exemplare dieser Wolfsunterart hätten überlebt. Eine weitere Unterart, *Canis lupus lycaon*, der Timberwolf, wurde in den meisten Regionen der Vereinigten Staaten und Südkanadas gnadenlos ausgerottet, überlebte aber noch in den östlichen und nordöstlichen Waldstrichen seines ursprünglichen Verbreitungsgebietes.

Die Verwirrung in der Einteilung der Unterarten rührt nicht zuletzt daher, daß auch die systematisch arbeitenden Biologen in zwei Gruppen getrennt sind, die sogenannten »lumpers« und die »splitters«. Die Splitters beobachten oft eine große Zahl von Unterarten, während die Lumpers die Dinge zu vereinfachen suchen und nur wenige größere Unterarten nennen. Ob ein Wolf aber

Die Evolution des Wolfes

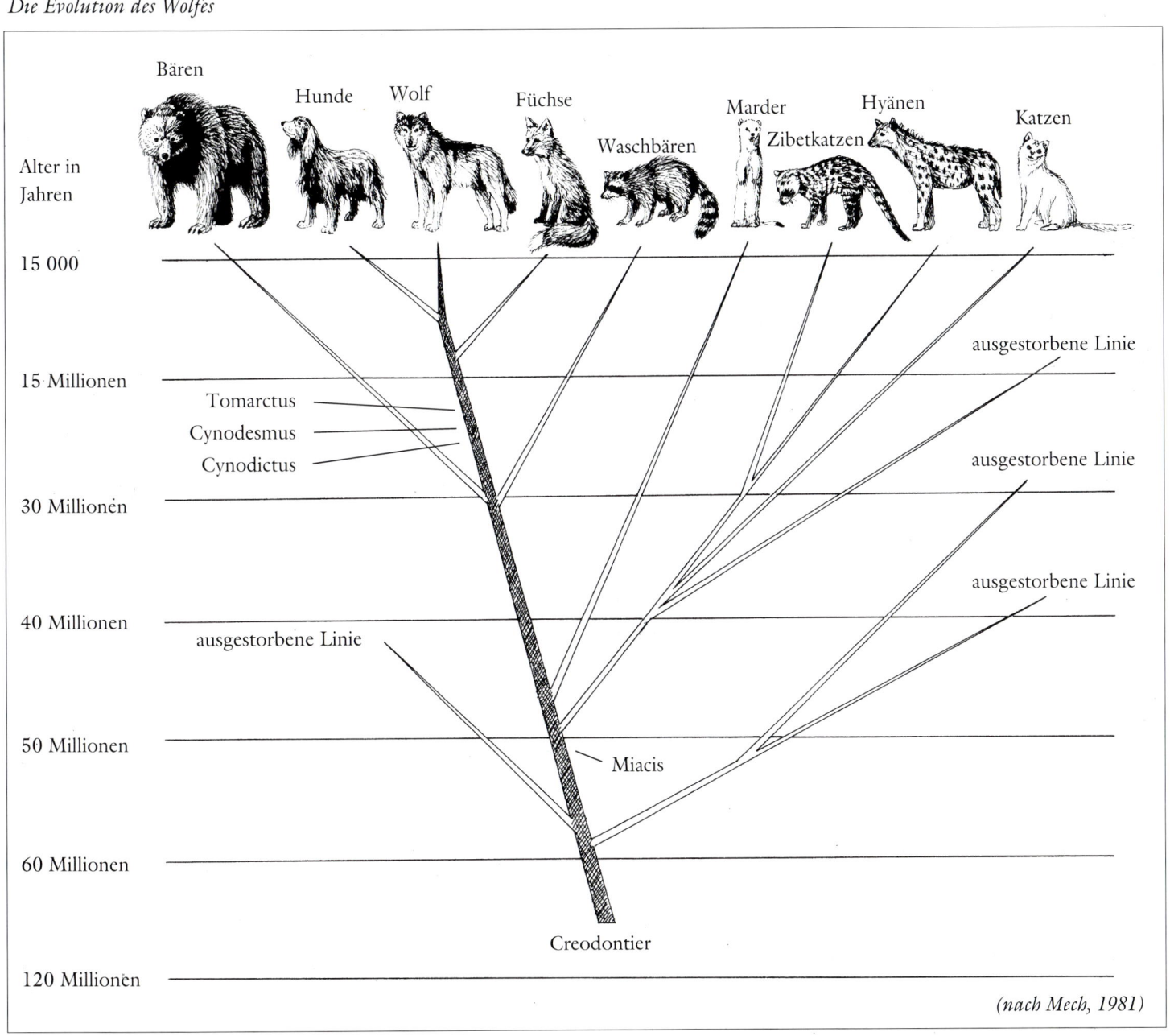

Bären · Hunde · Wolf · Füchse · Waschbären · Marder · Zibetkatzen · Hyänen · Katzen

Alter in Jahren

15 000

15 Millionen

Tomarctus
Cynodesmus
Cynodictus

30 Millionen

40 Millionen

ausgestorbene Linie

50 Millionen

Miacis

60 Millionen

Creodontier

120 Millionen

ausgestorbene Linie
ausgestorbene Linie
ausgestorbene Linie

(nach Mech, 1981)

nun den Namen *Canis lupus tundrarum* (Tundrawolf Alaskas und Nord-kanadas) oder *Canis lupus columbianus* (die Wolfunterart in Britisch-Kolumbien) oder *Canis lupus lupus* (Eurasischer Wolf) trägt, ein Wolf bleibt – um mit Shakespeare zu sprechen – immer ein Wolf, auch wenn er seinen Namen ändert.

Eine weitere Quelle der Verwirrung ist die Definition der Art. In seinem Werk *Grundlagen der zoologischen Systematik* definiert Ernest Mayr die Art als eine Gruppe natürlicher Populationen, deren Mitglieder sich untereinander paaren und dadurch fruchtbare Nachkommen hervorbringen. Wendet man diese Definition auf den Wolf an, stößt man auf große Schwierigkeiten, da man die Identität der ursprünglichen Arten überhaupt nicht kennt. Trat *Canis lupus* zuerst in der Alten Welt auf, oder hatte er sein Debüt in Nordamerika? Aller Wahrscheinlichkeit nach lebte der erste echte Wolf in Eurasien. Die Paläonto-logen haben Reste mehrerer Wolfsarten entdeckt, die während des Pliozän in Europa lebten, also vor ungefähr zwei Millionen Jahren.

Man kann heute kaum mehr sagen, ob die ursprüngliche Art oder Unterart des Wolfes noch lebt, denn über längere Zeit und über große Gebiete hinweg vermischten sich die Unterarten durch Kreuzung. Heute findet die Ver-mischung der verschiedenen Unterarten noch schneller statt als je zuvor. Der Hauptgrund ist die Verfolgung des Wolfes durch den Menschen in seinem gesamten Verbreitungsgebiet.

Es kommt auch zu Paarungen zwischen Angehörigen zweier verschiedener, doch nah verwandter Arten. Wir sprechen hier auch von Hybridisierung oder Bastardisierung. Ein Beispiel dafür im landwirtschaftlichen Bereich ist die Kreu-zung zwischen Pferd und Esel, aus der unfruchtbare Maultiere oder Maulesel hervorgehen. Heute wird spekuliert, daß der Rotwolf eine Artenkreuzung dar-stellt, die zur Fortpflanzung fähig ist.

Während der letzten Jahrzehnte des 19. und der ersten Jahrzehnte unseres

Forscher des nord-amerikanischen Fish and Wildlife Service fangen in einer Auf-zuchtstation das Junge eines Rotwolfs.
© Tom und Pat Leeson

20

*Einem Rotwolf wird zu
Forschungszwecken ein
Halsband mit einem
Funkgerät umgeschnallt.*
© Denver A. Bryan

Jahrhunderts galt der Rotwolf wie sein nördlicher Verwandter als ernsthafte Bedrohung für den Viehbestand und wurde so lange gejagt, vergiftet und in Fallen gefangen, bis er vom Aussterben bedroht war. Schließlich gelangte der Rotwolf in den Vereinigten Staaten auf die Rote Liste der vom Aussterben bedrohten Arten und wurde unter Schutz gestellt. Angeführt vom *United States Fish and Wildlife Service* entstand eine Bewegung, die den Rotwolf wenigstens in einem Teil seines ursprünglichen Verbreitungsgebietes wieder aussetzte. Sie erntete damit erwartungsgemäß Kritik von seiten der Wolfsgegner, doch die Behördenvertreter hielten an ihren Plänen fest.

In Anbetracht des historischen Verbreitungsgebiets des Rotwolfs interessierten sich die Biologen des *Fish and Wildlife Service* für ein 48 500 Hektar großes Sumpfgebiet an der Küste Nord-Carolinas, das die *Prudential Life Insurance Company* 1984 der Bundesregierung geschenkt hatte. Die Wissenschaftler kamen zu dem Schluß, daß dieses Landgeschenk, das zum *Alligator River National Wildlife Refuge* erklärt wurde, ein ideales Gebiet für Rotwölfe darstellte. Und so ließ man 1987 in diesem Schutzgebiet die ersten vier Paare frei, die im Rahmen eines Zuchtprogrammes aufgezogen worden waren.

Im Juni 1992 veröffentlichten R. K. Wayne und S. M. Jenks in der britischen Wissenschaftszeitschrift *Nature* die Forschungsergebnisse über die Zusammensetzung des Erbmaterials des Rotwolfs. Sie verglichen dabei die DNS von Rotwölfen in Gefangenschaft mit dem Erbmaterial in Fellen ausgestopfter Museumsstücke, die um die Jahrhundertwende geschossen worden waren. Ihre Ergebnisse deuteten darauf hin, daß der Rotwolf ein Hybride sein könnte – eine Kreuzung aus dem eigentlichen Wolf und dem Kojoten. Dies mag zutreffen oder auch nicht, denn die Zuverlässigkeit solcher genetischer Tests wird von einigen Biologen angezweifelt. Es ergäben sich daraus jedenfalls schwerwiegende Konsequenzen. Ist der Rotwolf keine eigene Art, so kann er von der amerikanischen Roten Liste (*Endangered Species Act*) nicht weiter geschützt werden.

Der südamerikanische Mähnenwolf ist kein echter Wolf, sondern eine eigene Art innerhalb der Familie der Hundeartigen.
© G. D. T. Silvestris / NHPA

Tatsächlich ersuchten Rancher aus Tennessee und Nord-Carolina nach Veröffentlichung der Studie die Regierung, den Rotwolf von der Roten Liste zu streichen. Ihr Antrag wurde abgelehnt. Obwohl immer mehr Menschen die Fortführung der Rettung des Rotwolfes in Frage stellen, wurden bisher noch keine Schritte unternommen, um das Programm zu beenden.

Zur Konfusion in der Frage nach den Arten und den Unterarten trägt außerdem die Beobachtung bei, daß Rotwölfe und Kojoten sich bis zu einem gewissen Grad miteinander vermischen. Da in den vergangenen Jahren die Zahl der Rotwölfe drastisch zurückgegangen war, drang der Kojote weit in die Verbreitungsgebiete jener Art vor. Offensichtlich kam es zu Paarungen zwischen Individuen der beiden Arten in Regionen, wo sich die beiden Verbreitungsgebiete überlappen. Man kann sich nun die Frage stellen, ob dadurch eine neue Unterart entsteht. Und wenn dies der Fall ist, handelt es sich dann um eine Unterart des Rotwolfs oder des Kojoten?

In jüngster Zeit wurde mehrfach spekuliert, ob der Rotwolf eine Kreuzung aus dem eigentlichen Wolf und dem Kojoten ist.
© J. D. Taylor

Es besteht auch kein Zweifel daran, daß sich in den nordöstlichen Teilen der Vereinigten Staaten und im südlichen Zentralkanada Wölfe und Kojoten miteinander paarten. Daraus gingen große Hybriden hervor. Offensichtlich handelt es sich aber nur um wenige Kreuzungen, vielleicht weil Wölfe in jenen Gebieten durch Abschuß, Fallen und Gift fast völlig ausgerottet wurden.

An diesem Punkt kann man sich fragen, ob es so wichtig ist, immer neue Unterarten aufzuspüren? Nach der Ansicht der Lumpers ist der taxonomische Eifer der Splitters so unnütz wie ein Kropf, während die Splitters den Lumpers das Vermengen systematischer Kategorien vorwerfen und dies als billigen Ausweg aus einem wissenschaftlichen Dilemma betrachten. Damit aber keine Zweifel aufkommen: Die Taxonomie ist sehr nützlich, wenn sie nicht ins Extrem gesteigert wird, weil sie die Pfade der Evolution nachzeichnet und viel zum Verständnis der Ökologie beitragen kann. Aus diesem Grund kann man die Bedeutung der wissenschaftlichen Namen gar nicht übertreiben. Mit ihrer Hilfe

Diese Kreuzung aus einem Kojoten und einem Rotwolf ähnelt dem Kojoten viel stärker als dem eigentlichen Wolf.
© Erwin und Peggy Bauer

bestimmen und identifizieren wir auf korrekte Weise ein Tier, während die Namen in den regional unterschiedlichen Umgangssprachen oft zu großer Verwirrung führen.

Gerade in der Familie der Hundeartigen können die umgangssprachlichen Namen von Tieren täuschen, die mit dem eigentlichen Wolf nur entfernt verwandt sind. Dies gilt zum Beispiel für den Mähnenwolf, der in Argentinien, Bolivien, Brasilien und Uruguay vorkommt. Das Tier ist kein Wolf. Es sieht eher aus wie eine Kreuzung aus Kojote und Rotfuchs. Es hat lange, schwarze Beine, ein goldenes Fell, am Nacken ins Schwarze gehend, einen hellen, ziemlich kurzen, buschigen Schwanz, große Ohren, eine lange, spitz zulaufende Schnauze und kleine Pfoten. Es wiegt zwischen 18 und 23 Kilogramm.

23

Ein großer Kojote in der Blüte seiner Jahre. Die Kojoten haben ihr Verbreitungsgebiet in ehemalige Wolfsterritorien hinein ausgeweitet.
© C. Allan Morgan

Gegenüberliegende Seite: Der Ruf des Kojoten ist höher im Ton und wird öfter wiederholt als das anhaltende, tiefere Heulen des Wolfes.
© Erwin und Peggy Bauer

Ähnlich verwirrend ist es, wenn der Kojote als Präriewolf oder Heulwolf bezeichnet wird. Obwohl er mit dem Wolf näher verwandt ist und auch zur gleichen Gattung zählt, ist der Kojote keinesfalls ein eigentlicher Wolf. In Nordamerika ist für den Kojoten auch die Bezeichnung »Buschwolf« üblich. Dadurch ergeben sich immer wieder Identifizierungsprobleme in großen Gebieten Kanadas und der Vereinigten Staaten, denn Menschen, die diese Bezeichnung verwenden, glauben irrtümlich, der »Buschwolf« und der Kojote seien zwei verschiedene Arten. Farmer, die Kälber, Schafe oder Hühner durch Kojoten einbüßten, werden in lokalen Medien dann so zitiert, als träten sie für die Ausrottung der »Wölfe« ein. In den vergangenen Jahren paarten sich Kojoten mit verwilderten Haushunden. Die entstandenen Mischlinge sind größer als die Kojoten. Verluste an Haustieren durch diese »coydogs« wurden ebenfalls den »Buschwölfen« zugeschrieben. Wegen der ungenauen Benennungen bekommen die Wölfe also oft eine schlechte Presse, die sie gar nicht verdienen.

KÖRPERLICHE MERKMALE

Den wissenschaftlichen Namen des Wolfes, *Canis lupus*, prägte 1758 der bekannte schwedische Naturforscher Carl von Linné, der auch unter seinem latinisierten Namen Linnaeus bekannt ist. Wörtlich übersetzt bedeutet *Canis lupus* »Hund-Wolf«, was nicht frei von Ironie ist, denn aus dem Wolf entstanden die meisten Hunderassen und nicht umgekehrt.

Wölfe und Hunde haben eine Reihe von Merkmalen gemein, zum Beispiel die Länge der Tragzeit, den Haarwechsel im Frühjahr und die Ausbildung eines Winterfells sowie die Reihenfolge, mit der die ersten Zähne erscheinen. In anderen Punkten unterscheidet sich der Wolf ziemlich stark vom Hund. Er hat verhältnismäßig kurze, an der Basis breite Ohren, die auch weniger stark zugespitzt sind als bei den meisten Hunden. Der Kopf ist groß, breit und schwer;

*Ähnlich den Wölfen sind
die Afrikanischen Wild-
oder Hyänenhunde
sozial hochorganisierte
Tiere.*
© D. Parer und E. Parer-
Cook / Auscape

und die breite, vorne spitz zulaufende Schnauze endet in einer schwarzen, bis
zu vier Zentimeter breiten Nase.

Obwohl die Knochen des Unterkiefers nicht so dick sind wie die des Ober-
kiefers, sind doch beide sehr kräftig und ermöglichen eine ungeheure Beißkraft.
Wölfe haben im Normalfall insgesamt 42 Zähne (im Oberkiefer sechs Schneidezähne, zwei Eckzähne, acht Vorbackenzähne und sechs Backenzähne, im Un-
terkiefer zwei Backenzähne weniger). Wie bei vielen Säugetieren und ebenso
beim Menschen, kommt es aber bei Wölfen vor, daß die einen Exemplare mehr
und die anderen weniger Zähne haben als im Normalfall. Die Unterschiede
hängen mit der Kieferlänge zusammen, die von Wolf zu Wolf variiert.

Die Läufe der Wölfe sind länger als die der meisten Hunde, die Pfoten breiter, die Vorderpfoten länger und breiter als die Hinterpfoten. Im Durchschnitt
messen die Vorderpfoten eines großen männlichen Wolfs in Ruhe 11,5 Zentimeter mal 9,5 Zentimeter, während die Maße der Hinterpfoten 9,5 Zentimeter
mal 8 Zentimeter betragen. Beim Gehen oder Laufen auf Sand, Schlamm oder
Schnee sind die Pfotenabdrücke beträchtlich breiter als die entsprechenden
Maße im Ruhezustand, denn beim Kontakt mit dem Boden spreizen sich die
Füße, und die Zehen werden länger. Große Wölfe, die auf weichem Unter-
grund laufen oder trotten, hinterlassen deswegen Abdrücke der Vorderpfoten
mit den Ausmaßen 14 mal 11 Zentimeter. Die Spuren der Hinterpfoten sind
um ungefähr 20 Prozent kleiner.

Wölfe haben fünf Zehen an den Vorderpfoten und vier Zehen an den Hinterpfoten. Diese Formel gilt für alle Hundeartigen mit Ausnahme des afrikanischen Wildhunds oder Hyänenhunds, der an jeder Pfote vier Zehen aufweist.
Wir Menschen setzen beim Gehen den gesamten Fuß auf den Boden und sind
deshalb Sohlengänger. Die Huftiere hingegen gehen auf ihren Hufen und
gehören somit zu den Zehenspitzengängern. Die Wölfe und die übrigen
Hundeartigen nehmen eine Mittelstellung ein. Sie zählen zu den Zehengän-

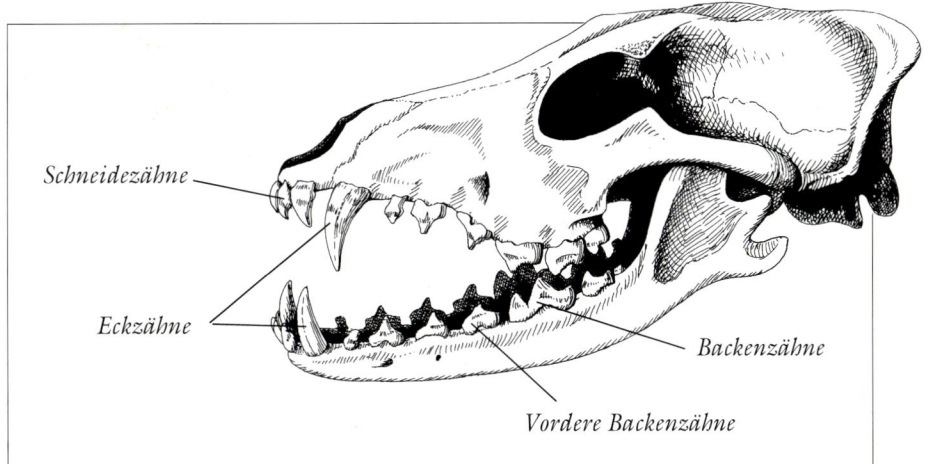

Schneidezähne

Eckzähne

Backenzähne

Vordere Backenzähne

Wolfsschädel mit Zähnen

Wolfsspuren. Der untere Abdruck stammt von einer Hinterpfote, der obere von einer Vorderpfote.
© David Mech

gern, die mit der ganzen Länge der Zehen den Boden berühren. Die Vorderpfotenabdrücke der Wölfe lassen aber jeweils nur vier Zehen erkennen, weil die fünfte Zehe oberhalb der Fußballen liegt, nur noch winzig ausgebildet ist und nicht zur Fortbewegung dient.

Die Krallen der verkümmerten fünften Zehe werden beim Laufen nicht abgewetzt und nehmen dadurch eine krumme, scharf zugespitzte Form an. Hundebesitzer entfernen diese Zehe wegen der scharfen Kralle oft nach der Geburt ihrer Haustiere. Wölfe setzen die Kralle beim Angriff ein, wenn sie ein Beutetier mit den Zähnen nicht festhalten können. In dieser Situation versucht der Wolf eine Vorderpfote um das Bein des Beutetieres zu legen oder packt einen anderen Körperteil mit beiden Vorderbeinen. Dabei graben sich die Krallen der fünften Zehen ins Fleisch ein und helfen somit beim Festhalten und Niederringen der Beute.

Mit ihren langen federnden Beinen können sich die Wölfe schnell fortbewegen. Auf gutem Boden und bei höchster Eile erreichen Wölfe eine Höchstgeschwindigkeit von 39 Kilometern pro Stunde. Diese können sie drei oder vier Minuten lang durchhalten, ohne dabei völlig erschöpft zu werden. Ein allerdings nicht bestätigter Bericht behauptet, ein Wolf sei auf einer abgelegenen Straße in Minnesota über einen halben Kilometer mit einer Geschwindigkeit von 55 bis 65 Kilometer pro Stunde gelaufen, was von einem verfolgenden Fahrzeug aus gemessen worden sei. In der Regel bewegen sich Wölfe bei einem Ortswechsel oder bei der ruhigen Verfolgung einer Beute mit einer Geschwindigkeit von 8 bis 10 Kilometern pro Stunde fort; diese können sie stundenlang beibehalten. Ob sie nun langsam oder schnell laufen, die Bewegung erscheint immer elegant, glatt und elastisch und geschieht scheinbar ohne jede Anstrengung.

Je nach Unterart und Verbreitungsgebiet und dem bevorzugten Beutetier schwankt die Rumpflänge (ohne Schwanz) des erwachsenen Wolfsmännchens

in Nordamerika und Eurasien von 1,60 bis 1,80 Meter. Weibchen sind ungefähr 13 Zentimeter kürzer. Die Schwanzlänge reicht von 36 bis 50 Zentimeter. Die Männchen sind normalerweise, aber nicht immer, etwa 15 bis 20 Prozent größer und schwerer als die Weibchen. Das Durchschnittsgewicht erwachsener männlicher nördlicher Wölfe liegt bei 36 Kilogramm. Aus Alaska stammt ein Bericht über ein außergewöhnlich großes Tier von 79,5 Kilogramm, das geschossen und bei vollem Magen gewogen wurde. Im allgemeinen sind die nördlichen Wölfe viel größer als die südlichen. Die größten nordamerikanischen Wölfe leben in Westkanada und Alaska, die kleinsten in Südostkanada und Mexiko.

Zu den Größenunterschieden zwischen nördlichen und südlichen Wölfen kommt es im wesentlichen aus zwei Gründen, wobei als dritter noch die Vererbung mitwirkt. Den ersten bedeutenden Nutzen, den nördliche Wölfe von ihrer Größe haben, ist die bessere Konservierung der Wärme. Je größer das Volumen eines Körpers, um so weniger Wärme verliert er. Ein Becher mit heißem Wasser wird schneller abkühlen als eine Badewanne voll gleich warmem Wasser, da das Verhältnis zwischen Oberfläche und Volumen ungünstiger ist. Aus diesem Grunde sind auch Mäuse nördlicher Gebiete größer als ihre Verwandten in südlichen Gegenden.

Der zweite Nutzen, den Größe mit sich bringt, besteht in der Zunahme von Gewicht, Kraft und Geschwindigkeit. Im Fall der Wölfe sind diese Qualitäten notwendig, um große Beutetiere wie Elche, Hirsche und Karibus zu jagen, zu überwältigen und zu töten. Die Männchen dieser Beutetiere können zehnmal so schwer sein wie ein Wolf. Die südlichen Wölfe in Eurasien, Arabien, Indien und anderen warmen Gebieten jagen eher kleine Beutetiere oder sind sogar gezwungen, sich von Abfällen und Haustieren zu ernähren.

Nördliche und südliche Wölfe unterscheiden sich auch im Fell. Bei den südlichen Unterarten ist die Wolle dünner, was den Tieren die Kühlung erleichtert.

Der nördliche Grauwolf (rechts) unterscheidet sich vom südlichen Rotwolf (oben) in folgender Hinsicht: Sein Kopf und sein ganzer Körper sind breiter, das Haar ist länger.
© Tom und Pat Leeson (rechts);
© Mike Biggs (oben)

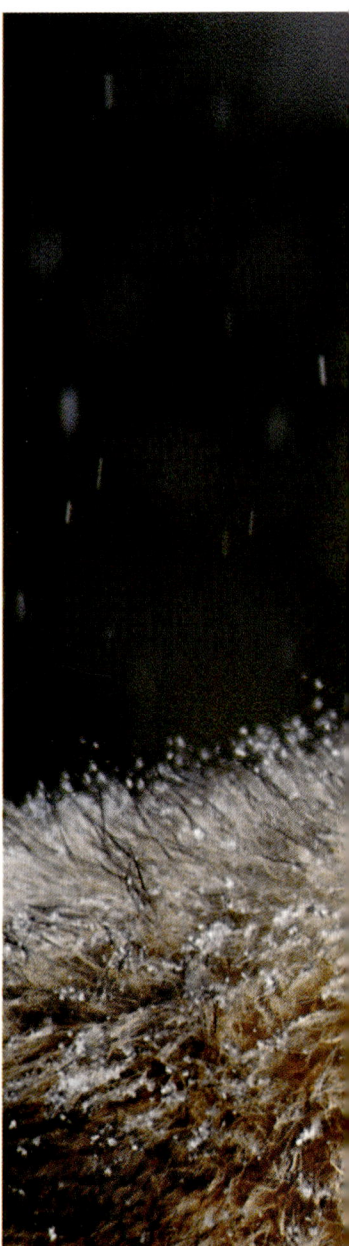

Ein Wolf schläft im Schneetreiben. Der Schnee, der sich auf ihm ablagert, schützt das Tier zusätzlich vor Kälte.
© Tom und Pat Leeson

Umgekehrt wächst den nördlichen Wölfen zu Herbstbeginn ein dickes Fell, das aus langen glänzenden, feuchtigkeits- und schmutzabweisenden Grannenhaaren und dicken Wollhaaren besteht. Diese Wollhaare enthalten wie die Schafwolle eine lanolinähnliche ölige Substanz, die sie wasserabstoßend macht. Das dicke Fell hält warm, selbst in subarktischen und arktischen Gebieten, wo nördlich des Polarkreises die Sonne während des ganzen Winters nicht über dem Horizont erscheint.

Die Pfoten der nördlichen Wölfe sind vielleicht ihre kälteempfindlichsten Körperteile, doch selbst sie tragen einen Schutz von Haaren, die zwischen den Zehen und um die Fußballen herum wachsen. Die Ballen sind mit vielen Wärme produzierenden Blutgefäßen versorgt. Wenn der Wolf trottet oder läuft, bewirkt die beschleunigte Blutzirkulation, daß seine Füße warm bleiben. In der kältesten Jahreszeit rollen sich die Wölfe während der Ruhe zu einer Kugel zusammen und bedecken mit ihren buschigen Schwänzen den Kopf und die Ohren. In der offenen Tundra wird ein schlafender Wolf wegen des dauernden Schneetreibens sehr schnell von einer isolierenden Schneeschicht bedeckt.

Die Grannenhaare halten nicht nur Feuchtigkeit fern, sondern auch Kletten und Schmutz, weil sie gleichzeitig hart, glatt und glänzend sind. Wenn sich ein Wolf beispielsweise in Aas oder Schlamm wälzt und über und über mit Schmutz bedeckt ist, so schüttelt er sich kräftig und wird dabei die größten Schmutzteilchen los. Dann wartet er, bis die restlichen Schmutzklumpen ausgetrocknet sind, schüttelt sich erneut und wird dabei alle oder fast alle Partikel los.

Den Eigengeruch von Wölfen können wir, im Gegensatz zu dem der Hunde, nur dann wahrnehmen, wenn wir unsere Nase direkt an das Fell halten. Beutetiere, deren Geruchsorgane viel besser entwickelt sind als die des Menschen, können wahrscheinlich den Geruch von Wölfen über sehr weite Entfernungen hin wahrnehmen. Dies erklärt wohl, warum Wölfe immer wieder versuchen, nach etwas anderem zu riechen, indem sie sich absichtlich in Aas

Ein Wolf im Fellwechsel während des Frühlings. Die langen Grannenhaare und dicken Wollhaare beginnen auszufallen.
© Thomas Kitchin

wälzen. Das ist ein nützliches Verhalten bei Tieren, die Beutetiere mit fast ebensogutem Geruchssinn jagen. Zum Entsetzen der Besitzer hat es sich auch auf die meisten Hunderassen vererbt.

Obwohl das Fell der Wölfe im Süden Nordamerikas und Eurasiens dünner ist als das ihrer nördlichen Verwandten, bekommen auch sie ein Winterfell aus Grannen- und Wollhaaren. Ihre Wollhaare sind jedoch feiner und in heißen Gebieten kaum ausgeprägt, etwa auf der Sinaihalbinsel oder in Arabien.

Im Frühjahr, das je nach Region im März, April oder Mai beginnt, stoßen die Wölfe ihr Winterfell ab. In nördlichen Regionen fallen beim Fellwechsel enorme Haarmengen an. Mit dem Abwurf des alten Fells beginnt das neue zu wachsen. Dieser Stoffwechselvorgang benötigt viele Proteine, so daß während des Fellwechsels viele Wölfe stark abmagern. Am Ende besitzen sie ein völlig neues Fell. Das Unterkleid wird aber erst im Spätherbst richtig dick und lang, der im äußersten Norden Anfang September und in niedrigeren Breiten entsprechend später beginnt.

Das Einsetzen der warmen Jahreszeit, besonders des heißen Sommers, kann für nördliche Wölfe einige Beschwerlichkeit mit sich bringen. Normalerweise jagen sie in der Abend- oder Morgendämmerung. Selbst wenn ihnen das Jagdglück nicht hold war, schlafen sie tagsüber in bewaldeten Gebieten im Schatten von Bäumen, bis der Abend Kühle bringt. In den nordamerikanischen und eurasischen Tundren suchen die Wölfe Kühle im Schatten von Büschen oder kleinen Erhebungen, insbesondere bei sogenannten Pingos in Dauerfrostgebieten. Pingos sind linsenförmige Eisansammlungen im Boden mit einer Höhe von zwei bis fünfzig Metern. Sie schmelzen nur selten ab und dienen somit als natürliche Kühlschränke. Tatsächlich bauen die Eskimos Gänge in die Pingos und verwenden sie als natürliche Eisschränke für ihr Fleisch.

Ruheplätze von Wölfen erkennt man normalerweise an der Kuhle, die ihr Körper im Gras oder im Gesträuch hinterläßt, sowie an abgefallenem Haar, dessen Menge während des Fellwechsels beträchtlich sein kann. Mitunter treibt der Wind faustgroße Wollballen vor sich her, oder man sieht sie an niedergedrückten Pflanzen hängen. Im Winter erkennt man die Ruheplätze als runde Vertiefungen im Schnee. Durch die Körperwärme schmilzt ein Teil des Schnees und gefriert in den Vertiefungen zu Eis. Wölfe verwenden dann denselben Ruheplatz nicht noch einmal, da die Eisschicht es ihnen nicht ermöglicht, ihre Hüften bequem zu lagern.

Die Farbe des Wolfsfells variiert beträchtlich, besonders in den nördlichen Breiten. Einige Wölfe sind schneeweiß, andere ganz schwarz mit Ausnahme einer weißen Blesse auf der Brust. Wieder andere zeigen eine graue Körperfarbe, oder es mischen sich die Farben Fahlgelb, Cremefarben, Grau, Weiß und Schwarz in ihrem Fell. Alle Wölfe zeigen jedoch ungeachtet ihrer Farbe eine sattelförmige Schabrackenzeichnung. Sie entsteht durch besonders lange Grannenhaare, die sich farblich vom übrigen Fell deutlich erkennbar abheben. Der Zweck dieser Zeichnung, wenn denn einer damit verbunden sein sollte, ist unbekannt. Da sie aber individuelle Ausprägungen zeigt, kann man die einzelnen Mitglieder eines Rudels danach unterscheiden. Wenn ein Wolf erregt ist und seine Nackenhaare sträubt, sind die langen Haare auf dem Sattel sofort zu erkennen.

Hinzu kommt, daß einige Wölfe – vielleicht sogar alle – den Farbton und manchmal sogar die Grundfarbe während des jährlichen Fellwechsels verändern, besonders mit zunehmendem Alter. Als zum Beispiel ein einjähriger Wolf in Gefangenschaft sein erstes Erwachsenenfell bekam, wurde dieses schwarz mit Ausnahme des weißen Flecks auf der Brust, den viele Wölfe aufweisen. In den folgenden Jahren kamen jedoch immer mehr weiße Haare dazu, und ausgehend von den Augenbrauen bildete sich eine deutliche Spitze, die auf den Nasenrücken zulief. In der gleichen Zeit wurde ein Weibchen, dessen Fell ursprünglich aus einer Mischung aus weißen, gelben, rötlichen und schwarzen Haaren bestand, immer heller. Nach dem ersten Fellwechsel erfolgten diese Farbverän-

Wölfe sind überwiegend grau. Doch sie kommen auch in sämtlichen Schattierungen von Rot, Weiß und Schwarz vor.
© Erwin und Peggy Bauer (rechts);
© Thomas Kitchin (oben)

32

derungen regelmäßig in jedem Frühjahr, und im Alter von acht Jahren war das Männchen hellgrau und das Weibchen nahezu vollständig weiß.

Ähnliches wurde bei einem Rudel beobachtet, das Jim Wuepper in Negaunee, Michigan, in Gefangenschaft hält. Shawano, das Alphamännchen des Rudels, wurde im Alter von sieben Jahren fast völlig weiß, und das ursprünglich schwarze Alphaweibchen verfärbte sich mit sechs Jahren grau. Warum diese Farbveränderungen erfolgen, ist nicht bekannt.

GEFAHREN FÜR DAS ÜBERLEBEN

An dieser Stelle sollten wir betonen, daß individuelle Unterschiede zwischen den Säugetieren aller Arten häufig auftreten, darin eingeschlossen der Mensch. Solche Unterschiede gibt es in der Physiologie ebenso wie im Verhalten. Aus diesem Grunde schätze ich keine generalisierenden Aussagen über die Biologie und das Verhalten der Wölfe oder jeder anderen Tierart, auch wenn ich natürlich einige Verallgemeinerungen treffen muß, um das Buch nicht ausufern zu lassen und um ein umfassendes Bild von dieser Tierart, ihrem Lebensraum und ihren Beutetieren zu geben.

Verallgemeinernde Äußerungen sind zum Beispiel notwendig, wenn man über die Lebensdauer von Wölfen spricht, denn genaue Zahlen kennen wir nur für in Gefangenschaft gehaltene Tiere. Diese leben im Mittel zwischen elf und zwölf Jahren, wenn sie unter guten Bedingungen und mit ausreichendem Platz gehalten werden. Es sind allerdings auch Einzelfälle bekannt, bei denen die Tiere siebzehn Jahre alt wurden. In der freien Wildbahn verkürzt sich demgegenüber die Lebensspanne. Um genügend Nahrung zu erbeuten, müssen sie hart arbeiten, und oft jagen sie in unwegsamem Gelände, wo ihnen Gefahren drohen durch Verletzungen an Baumstümpfen, Steinen und Felsabbrüchen oder ein Ertrinken in schnellfließenden Gewässern.

*Ein Mexikanischer Wolf,
fotografiert in
Gefangenschaft.
Vermutlich leben in
freier Wildbahn nur
noch zehn Exemplare
dieser Art.*
© Mike Biggs

Gelegentlich erleiden Wölfe auch tödliche Verletzungen durch die Tiere, auf die sie Jagd machen. Das ist besonders bei großen Beutetieren der Fall. Zum Beispiel haben Augenzeugen mehrmals beobachtet, wie Elche, an deren Rücken oder Schultern sich ein Wolf festgekrallt hatte, durch dichtstehenden Wald stoben und ihren Jäger gegen Baumstämme schmetterten. Bei einer solchen Kollision kann der Wolf sofort getötet werden, oder er erleidet schwere Verletzungen, an denen er möglicherweise stirbt.

Wölfe sind in freier Wildbahn noch anderen Gefahren ausgesetzt. Wenn sie die Eingeweide ihrer Beutetiere fressen, nehmen sie auch Parasiten auf und infizieren sich damit. Tatsächlich sind Wölfe und Kojoten Wirte für eine große Zahl von Außen- und Innenparasiten. Zu diesen Schmarotzern zählen Einzeller (Protozoen), Saugwürmer (Trematoden), Fadenwürmer (Nematoden), Bandwürmer (Cestoden), Kratzer (Acanthocephala), Räudemilben, Läuse, Zecken und Flöhe (hauptsächlich auf Kojoten). Über die Auswirkungen dieser Parasiten auf Wolfspopulationen ist aber nur wenig bekannt. Ebensowenig weiß man über die Folgen der Staupe und anderer Krankheiten, die die Wölfe befallen.

Nur wenige Wölfe und Kojoten fallen in Nordamerika der Tollwut zum Opfer. In einer wissenschaftlichen Arbeit mit dem Titel »Host-Parasite Relationships in the Wild Canidae of North America« (»Beziehungen zwischen Wirten und Parasiten bei wildlebenden nordamerikanischen Hundeartigen«) schreiben Danny B. Pence und J. W. Custer:

... das Rätsel der Wildarten der Gattung Canis und des Tollwutvirus bleibt weiterhin ungelöst. Obwohl die Tollwut als »mögliche Todesursache für Kojoten« (Gier u.a. 1978) beschrieben wurde, sind in den meisten westlichen Staaten der USA nur vereinzelte Tollwuterkrankungen von Kojoten bekannt geworden ... Von den 9943 durch Laboratorien bestätigten Tollwutfällen im Jahr 1977 in den Vereinigten Staaten, Kanada und Mexiko betrafen nur drei Timberwölfe in Alaska und einer Kojoten aus Kanada und Mexiko (Center for Disease Control 1978). Bei Tollwutüberwachungsprogrammen des Center for Disease Control, Atlanta, Georgia, zeigte es sich, daß nur 12 von 435 in den Vereinigten Staaten untersuchten Kojoten (3 Prozent) Tollwut hatten, während 6 Wölfe in Ontario und ein Wolf in den Nordwestgebieten für positiv befunden wurde (CDC 1978). Von den 8598 Tollwutfällen in Ontario, Kanada, in der Zeitspanne von 1961 bis 1969 betrafen insgesamt nur 35 (0,41 Prozent) Kojoten und Wölfe (Johnston und Beaureagard 1969)... Die Rolle des Tollwutvirus bei der Sterblichkeit verwilderter Hunde muß erst noch geklärt werden.

Einem Bericht des *Journal of Wildlife Disease* aus dem Jahr 1992 zufolge wurde vor kurzem der Ausbruch der Lyme-Krankheit bei Grauwölfen in Minnesota und Wisconsin festgestellt. Zwischen 1972 und 1989 hatten die Forscher 528 Wölfe überprüft und in 15 Fällen (3 Prozent) entsprechende Antikörper isoliert. Obwohl uns diese drei Prozent niedrig erscheinen mögen, zeigen sie doch, daß die Wölfe von dieser Krankheit befallen werden und vielleicht sogar empfindlich darauf reagieren. Wir wissen nicht, ob die Krankheit tödlich verläuft, doch besteht kein Zweifel daran, daß die Tiere bis zu einem gewissen Grad davon beeinträchtigt werden. Die Lyme-Krankheit, die von der Zecke *Ixodes dammini* verbreitet wird, greift auch Menschen und Hunde an und wurde in der Stadt Lyme in Connecticut entdeckt. Die Humanmediziner bezeichnen diese Krankheit heute auch als Borreliose. Bisher wußte man nicht, daß sie auch Wölfe befällt. Offensichtlich breitet sich die Krankheit aber rasch aus. Auch sind bereits viele Fälle von Borreliosen in Mitteleuropa bekannt geworden, wo sie durch den Holzbock (*Ixodes ricinus*) übertragen wird.

Wölfe machen sich über den Kadaver eines Hirschen her. Von großen Beutetieren fressen mehrere Mitglieder des Rudels gleichzeitig.
© Thomas Kitchin

36

Schließlich leiden einige Wölfe an einer Erkrankung der Talgdrüsen in der Haut der Aftergegend. Diese Drüsen bilden bisweilen gutartige Tumore, die jedoch aufbrechen können. Bei Hunden bilden sich die Tumore längs der Mittellinie auf dem Bauch, bei Wölfen auch auf dem Rücken, meist neben der Wirbelsäule. Wenn ein solcher Tumor bei einem Haushund aufbricht, wird er vom Tierarzt versorgt. Bei Wölfen lassen sich jedoch sofort Fliegen auf den offenen Hautstellen nieder und legen ihre Eier darin ab. Es schlüpfen Maden, und die Zysten infizieren sich. Ohne Behandlung kommt es zu einer Blutvergiftung, und die Überlebenschancen eines infizierten Wolfs sind dabei sehr gering.

Sicher befallen alle diese Krankheiten die Wölfe nicht gleichzeitig. Doch die Tatsache, daß Wölfe in ihrer Umwelt überleben, während sie doch von so vielen Krankheiten bedroht sind, spricht für ihr unglaubliches Durchstehvermögen und ihre Widerstandskraft.

DIE SINNE DER WÖLFE

Wenn man mich fragt, welcher von den fünf Sinnen des Wolfs der wichtigste ist, so antworte ich normalerweise: der Geruchssinn. Ich füge hinzu, daß dieser Sinn wahrscheinlich am entscheidendsten für das Überleben ist, doch daß der Gesichtssinn, der Gehörsinn, der Tastsinn und der Geschmackssinn eine ähnlich große Rolle spielen, da erst alle fünf Sinne zusammengenommen den Wolf über alle Ereignisse in seiner nächsten Umgebung auf dem laufenden halten.

Der Wolf hat einen unglaublich scharfen Geruchssinn, den er seinem spezialisierten Nervensystem und seiner feinen Nase verdankt. Dieser Apparat ermöglicht es ihm, die komplexen Funktionen der endokrinen Drüsen bei Säugetieren wahrzunehmen. Zu diesen Drüsen zählen die Hypophyse oder Hirnanhangsdrüse, die zahlreiche Hormone ausschüttet, und die Geschlechtsdrüsen, die beim Männchen Testosteron und beim Weibchen Östrogene sowie andere Hormone abgeben. Die Nebennieren produzieren unter anderem Adrenalin, während die Schilddrüse den Thyroxinspiegel steuert. All diese und noch weitere Drüsen geben Hormone direkt in die Blutbahn ab.

Säugetiere geben hormonähnliche Stoffe über den Urin, den Kot und über Hautporen nach außen ab. In besonderem Maß gilt das für die Poren auf den Fußballen (Hände und Füße beim Menschen), denn sie weisen mehr Duftdrüsen auf als jeder andere Körperteil. Die ausgeschiedenen Botenstoffe, genannt Pheromone, bestehen aus winzigen Mengen von Hormonen, die über Schwefelmoleküle miteinander verbunden sind. Diese Verbindungen verdunsten schnell und werden sofort von Insekten und von Säugetieren (allerdings nicht vom Menschen) über weite Entfernungen hin wahrgenommen.

Jedes Individuum besitzt ein Pheromon-Duftsiegel, das es zu gleichen oder ungleichen Teilen von seinen Eltern geerbt hat. Das heißt, ein Individuum kann, was sein Duftsiegel betrifft, von beiden Eltern gleich viel oder von einem Elternteil mehr Gene übernehmen. Wölfe können die Pheromone der Tierarten, mit denen sie in ihrem Verbreitungsgebiet zusammenleben, über Entfernungen von zweieinhalb Kilometern wahrnehmen und wahrscheinlich noch erheblich weiter, wenn der Wind günstig steht.

Vor einigen Jahren untersuchte ich Wölfe im Gebiet des Spatsizi-Plateaus in Britisch-Kolumbien. Das Rudel, das ich fünf Wochen lang beobachtete, nahm die Witterung eines Elches auf, der etwa eineinhalb Kilometer weit entfernt am anderen Ende eines verhältnismäßig engen Tals stand. Die Wölfe befanden sich weiter oben, konnten den Elch aber wegen des dichten Waldes, der dazwischenlag, nicht sehen. Ich selbst saß ungefähr noch sechzig Meter höher als das Rudel auf einem vorspringenden Felsen. Plötzlich richteten das Leittier und die übrigen sieben Wölfe ihre Nasen talabwärts. Mit dem Fernglas suchte ich sofort in derselben Richtung und sah einen großen Elchbullen, der bis zum Bauch in

Ein Wolf wälzt sich im Schmutz. Dieses Verhalten, das auch der Haushund zeigt, dient zur Tarnung des eigenen Körpergeruchs, der Beutetiere aufschrecken könnte.
© John und Ann Mahan

einem kleinen See stand und Wasserpflanzen fraß. Nachdem ich das Tier erblickt hatte, wandte ich mein Fernglas wieder dem Rudel zu – gerade noch rechtzeitig, um zu sehen, wie das männliche und das weibliche Alphatier die Richtung änderten, um den Duft näher zu erforschen, der ihre Aufmerksamkeit erregt hatte.

Das Rudel folgte dem Duft in fast gerader Linie. Als die Wölfe ihr Ziel erreicht hatten, gelang es ihnen allerdings nicht, den Elch zum Verlassen des Wassers zu bewegen, vielmehr nahm der Bulle eine drohende Abwehrhaltung ein. Die Wölfe in der ihnen eigenen Bequemlichkeit drehten alsbald ab und verschwanden im fernen Wald.

Neben ihrem scharfen Geruchssinn besitzen die Wölfe ein ausgezeichnetes Gehör. Man hat beobachtet, wie sie Menschen antworteten, die in fünf Kilometern Entfernung das Heulen von Wölfen nachahmten. Ihre Ohren nehmen jedes Geräusch in der Umgebung wahr, selbst wenn die Tiere zu schlafen scheinen. Ihr Körper kann ganz entspannt sein und schlummern, doch die Ohren sind immer wachsam. Wenn sie ein verdächtiges oder verlockendes Geräusch registrieren, erwacht das Tier sofort.

Wölfe haben einen verhältnismäßig schwach ausgebildeten Gesichtssinn. Wahrscheinlich können sie die Unterscheidungsmerkmale ihrer Rudelmitglieder ab einer Entfernung von etwa dreißig bis vierzig Meter nicht mehr richtig erkennen. Ihre Kurzsichtigkeit ist eindeutig auf das Fehlen der Sehgrube zurückzuführen, jener Stelle auf der Netzhaut, die beim Menschen, bei Primaten und einigen anderen Säugern die höchste Sehschärfe ermöglicht. Wie genau ein Wolf sieht, wenn er einen Gegenstand oder ein Tier direkt ins Auge faßt, können wir nicht sagen. Menschen können schließlich nicht mit den Augen des Wolfes sehen! Doch angesichts des Fehlens der Sehgrube liegt es auf der Hand, daß die Wölfe etwas weiter entfernte Gegenstände nur noch verschwommen sehen.

Dennoch können Wölfe Formen und vor allem Bewegungen in weiter Entfernung wahrnehmen, und ihre Fähigkeit des peripheren Sehens ist außerordentlich gut. Sie entdecken noch die geringste Bewegung selbst kleinster Tiere,
zum Beispiel einer Stechmücke in einer Entfernung von über drei Metern, und
entsprechend die Bewegungen weiter entfernter größerer Tiere.

Lange Zeit wurde behauptet, Wölfe, Hunde und sogar alle anderen Säugetiere mit Ausnahme des Menschen und einiger Primaten seien farbenblind. Ist
diese Aussage über das Sehvermögen der meisten Säuger aber auch schlüssig?
Wenn sie zuträfe, müßte man sich doch darüber wundern, daß es so viele Farben in der Natur gibt, die insbesondere für die Tarnung so wichtig sind. Warum
verbirgt sich zum Beispiel ein junger Damhirsch im Unterholz und verläßt sich
auf den Schutz seines Fells? In einer Welt, in der die Tiere andere Lebewesen
und Objekte nur schwarzweiß und in Grautönen sehen, besteht kein Bedarf
nach der Vielfalt der Farben. Dennoch gibt es überall in der Natur, und speziell auch in der Umwelt der Wölfe, die vielfältigsten Farben. Aus diesem Grund
bin ich davon überzeugt, daß Wölfe Farben wahrnehmen können. Es ist allerdings unwahrscheinlich, daß sie von den verschiedenen Farben des Spektrums
jeweils denselben Sinneseindruck erhalten wie der Mensch, denn ihre Augen
sind anatomisch anders aufgebaut.

Wir gehen oft davon aus, daß die natürliche Umwelt, wie wir sie wahrneh-
men und erleben, tatsächlich und ausschließlich so ist. Viele Experimente zeigen jedoch, daß Tiere etwa eine ganz andere Farbwahrnehmung haben und
somit auch die Welt anders erleben. Wir sehen zum Beispiel Licht mit einer
Wellenlänge zwischen 400 und 720 Nanometern. Bienen sehen aber auch
Ultraviolett, was uns völlig unmöglich ist, und sie sehen viele für uns einfarbige
Blumen gemustert und mit dunklen Saftmalen. Ein Forscher fand heraus, daß
Hunde Rot, Gelb, Blau und Grün unterscheiden können. Entsprechende Un-
tersuchungen über Wölfe liegen noch nicht vor, doch konnte man in Experi-

»Wölfe kommen im Gebiet westlich der
Hudson Bay häufig vor, sowohl auf
unbewachsenem Boden wie im Wald, doch
sind sie nie zahlreich; nur in seltenen
Fällen sieht man mehr als drei oder vier
von ihnen in einer Herde. Die Wölfe aus
Gebieten weiter westlich, aus den Wäldern,
sind im allgemeinen normal gefärbt,
während die meisten Wölfe, die von den
Eskimos erlegt werden, ganz weiß aussehen.«

SAMUEL HEARNE, ENGLISCHER FORSCHUNGSREISENDER
UND PELZHÄNDLER. *A JOURNEY FROM PRINCE OF
WALES'S FORT IN HUDSON'S BAY TO THE NORTHERN
OCEAN,* 1769 – 1772

*Ein einsamer Wolf im
offenen Grasland.*
© Thomas Kitchin

menten herausfinden, daß sie offenbar Farbveränderungen wahrnehmen, vor allem ins Rote, Orangefarbene oder Gelbe.

Insgesamt ist der Wolf hervorragend ausgestattet für die Rolle, die ihm in der Natur zugedacht ist, nämlich die Bestandsregelung von Beutetierarten, die ohne den Wolf eine größere Nachkommenschaft hätten, als ihre Umwelt ernähren könnte. Tatsächlich führte die Verfolgung des Wolfes durch den Menschen in den vergangenen hundert Jahren dazu, daß gewisse Tierarten, besonders Hirsche, sich in manchen Lebensräumen zu stark vermehrten. Dies führte in Nordamerika und Eurasien zur Zerstörung vieler Wälder und insgesamt zur Schwächung der natürlichen Ökosysteme.

KAPITEL 2
DAS RUDEL

ALS RUDEL BEZEICHNET MAN EINE GRUPPE VON WÖLFEN, DIE ÜBER LÄNGERE
Zeit zusammenbleiben und gemeinsam jagen. Das Sozialverhalten der Wölfe
ähnelt dem in einer wohlgeordneten menschlichen Familie. Die Wölfe weisen
ein ausgeprägteres Sozialleben auf als die Primaten, die in physiologischer Hinsicht dem Menschen am nächsten stehen, deren soziale Ordnungen sich jedoch
beträchtlich von denen des *Homo sapiens* unterscheiden.

Vielleicht haben tatsächlich unsere Vorfahren das Zusammenleben in Sippen
erst erlernt, als sie das effiziente, kooperative und hochorganisierte Sozialverhalten der Hundeartigen beobachtet hatten. Die Anthropologie liefert Anhaltspunkte für diese Behauptung: Als sich die frühen Hominiden vor ungefähr drei
Millionen Jahren entwickelten, waren andere Säuger schon seit ein oder zwei
Millionen Jahren weit verbreitet, also seit dem oberen Miozän. Fossile Funde
bestätigen, daß der älteste Hominide mit der Bezeichnung *Australopithecus
afarensis* zu einer Zeit auftrat, als Wölfe und andere Hundeartige sich bereits
auf die Jagd großer Beutetiere verlegt hatten.

Zu jener Zeit, so wurde vermutet, lebten die kleinen Hominiden von weitgehend vegetarischer Kost. Fast sicher jagten sie aber auch Insekten, Larven
und Frösche, und gelegentlich gelang es ihnen, Kleinsäuger wie etwa Mäuse zu
fangen. Obwohl wirkliche Beweise fehlen, kann man davon ausgehen, daß sie
die Reste von Beutetieren verwerteten, die große Fleischfresser erlegt hatten.

*Ein Streit zwischen zwei
etwa gleichrangigen
Tieren, der sich offenbar
an der Aufteilung der
Beute entzündet hat.*
© John und Ann Mahan

42

Sie folgten jagenden Rudeln, um gleich an Ort und Stelle zu sein, wenn die Jäger sich sattgefressen hatten und von ihrer Beute abließen. Dabei erkannten die frühen Hominiden die Vorteile eines eng geknüpften sozialen Lebens.

Wenn Feldforscher das Verhalten von Wölfen zu studieren versuchen, machen sie bald die Erfahrung, daß sie sich auf eine schwierige Aufgabe eingelassen haben, nicht nur, weil die Tiere über weite Strecken wandern, oft in aller Stille verschwinden und die Gegenwart des Menschen schnell bemerken, sondern auch, weil jeder Wolf ein Individuum ist. Es gibt keine zwei Wölfe, die sich völlig gleichsehen. Vielleicht haben sie eine ähnliche Körpergröße und Färbung, doch gibt es immer Unterschiede, besonders im Gesicht. Ein Beobachter, der in verhältnismäßig engem Kontakt mit einem Rudel steht, kann die Wölfe bald nach ihren individuellen Merkmalen unterscheiden. Aber abgesehen von den typischen sozialen Verhaltensweisen innerhalb des Rudels verhalten sich auch keine zwei Wölfe genau gleich. Sie gehen anders, spielen anders, nehmen unterschiedliche Körperhaltungen beim Trinken ein, und auch ihre Stimmen und ihr Geheul unterscheiden sich voneinander.

GRÖSSE UND ORGANISATION DES RUDELS

Die Größe des Wolfsrudels schwankt extrem. In nördlichen Teilen Nordamerikas und Eurasiens besteht ein durchschnittliches Rudel aus zwischen sechs und neun Tieren. Aus dem hohen Norden wurden allerdings Rudelgrößen von bis zu 36 Tieren gemeldet, doch konnten solche Angaben nicht bestätigt werden. Rudel können aber auch auf zwei oder drei Tiere schrumpfen. Dies kann geschehen durch Krankheiten, durch die Jagd des Menschen mit Giftködern und Fallen sowie durch die Zerstörung des Lebensraums, die zu einem Mangel an Beutetieren führt. Wenn ein fortpflanzungsfähiges Paar überlebt, kann die Rudelgröße wieder ansteigen. Wird der Lebensraum aber weiterhin zerstört,

*Der Wolf rechts im Bild
zeigt eine demütige
Haltung gegenüber
einem höherrangigen
Tier.*
© Thomas Kitchin

oder hält der Jagddruck von seiten des Menschen an, so kann ein Rudel aber auch völlig aussterben.

Das Wolfsrudel wird von seinen beiden Begründern geleitet, die wir als Alphatiere bezeichnen. Man kann das Wolfsrudel auch als eine kooperative Familie ansehen. Die Führung haben Vater und Mutter inne. In der sozialen Rangordnung folgen dann andere erwachsene Wölfe sowie die jeweils letzten geworfenen Jungen. In einem alten, festgefügten Rudel sind einige der erwachsenen Tiere Geschwister oder Zwillinge, während andere Mitglieder aus benachbarten Rudeln stammen, wobei durchaus eine genetische Verwandtschaft bestehen kann.

Über die Disziplin im Rudel wachen die Eltern oder, wenn sie gestorben sind, das ranghöchste Männchen und Weibchen. Die Ordnung im Rudel wird durch verschiedene typische Körperhaltungen aufrechterhalten, durch Blicke und Gesichtsausdrücke, gelegentlich auch durch unblutige Züchtigungen. Manchmal kämpfen die Wölfe, die in der Hierarchie unterhalb der Alphatiere stehen, um einen höheren Rang. Dabei kann es zu Blutvergießen und sogar zum Tod eines Tiers kommen. Konflikte, die tödlich ausgehen, sind jedoch nicht häufig, da Kämpfe um den sozialen Status schon früh im Leben der Welpen beginnen und dann meist endgültig entschieden werden.

Wenn jedoch ein Alphatier Schwächen zeigt, verwundet wird oder durch sein Alter langsamer wird, dann übernimmt die Führungsrolle das Tier, das in der sozialen Hierarchie an zweiter Stelle steht, das sogenannte Betatier. Bisweilen geht dieser Führungswechsel mit einem lauten, blutigen Kampf einher und kann auch mit dem Tod eines betagten Alphatiers enden. In anderen Fällen reicht eine dauernde Bedrohung und Einschüchterung aus. Die Wölfe eines gesunden Rudels, das ein Territorium mit genügend Beutetieren bewohnt, führen jedoch im allgemeinen ein friedliches Leben. Die starke hierarchische Gliederung und entsprechende Bindungen verhindern, daß sich Mitglieder des Rudels allzu aggressiv verhalten. Wölfe zeigen untereinander in der Tat eine beträcht-

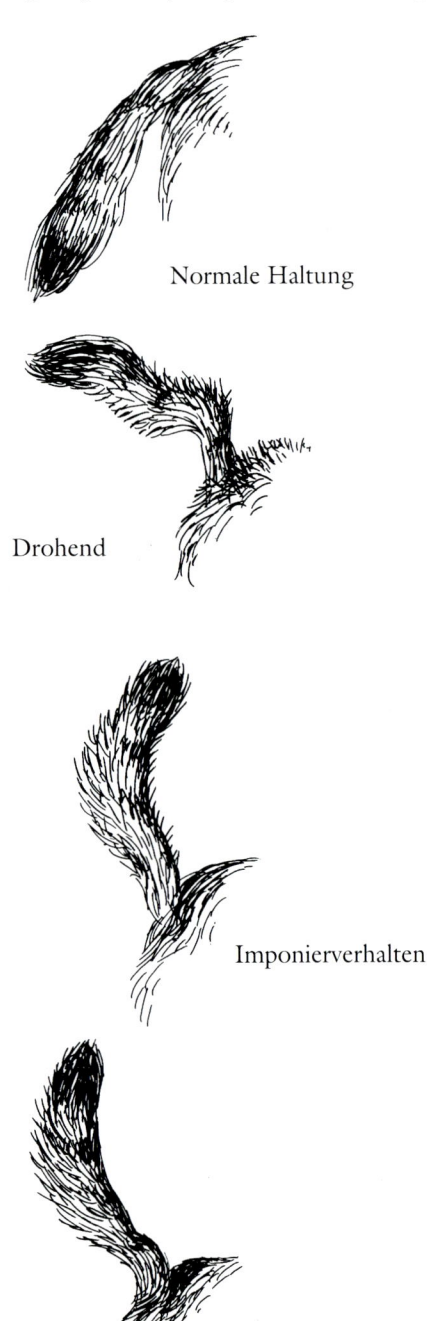

Signalsprache des Wolfes: Schwanzhaltung

Normale Haltung

Drohend

Imponierverhalten

Freundlich

liche gegenseitige Zuneigung und versöhnen sich im allgemeinen schnell wieder nach einer kurzen Auseinandersetzung.

Wölfe dokumentieren ihren sozialen Rang durch die Körperhaltung. Die Anführer gehen im Rahmen des normalen Familienlebens mit erhobenem Kopf und teilweise erhobenem Schwanz. Mit den Augen fixieren sie andere Rudelmitglieder in ihrem Umkreis. Ihr allgemeines Betragen wirkt deutlich entspannt. Sie sehen selbstsicher aus und sind sich ihres Ranges wohl bewußt. Rangniedrige Wölfe zeigen stets ein unterwürfiges Verhalten, wenn sich ihnen ein höherrangiges Tier nähert. Dann tragen sie normalerweise ihren Schwanz niedrig, fast zwischen die Beine geklemmt, und die Ohren sind zurückgelegt. Sie ducken sich, machen den Rücken krumm und bewegen die Zunge ruckartig im leicht geöffneten Mund, womit sie Bereitschaft signalisieren, das höherrangige Tier zu lecken.

Gelegentlich läßt sich ein rangniederes Tier auf die Seite fallen, den Schwanz zwischen den Beinen, und hebt ein Bein, um die Leistengegend zu zeigen. Gleichzeitig wirft es den Kopf zurück und entblößt mit einem demütigen Gesichtsausdruck seine Kehle. Diese bewußte Zurschaustellung der beiden verwundbarsten Stellen des Körpers versteht das dominante Tier als eine Gebärde der Unterwerfung und sieht damit seinen höheren sozialen Rang bestätigt. Betrachtet jedoch das Alphamännchen oder das Alphaweibchen ein Rudelmitglied, das diese Haltung einnimmt, dennoch als Gefahr für die eigene soziale Stellung, so wird es wahrscheinlich angreifen. Kommt es dazu, dreht sich der rangniedrige Wolf weg und springt auf die Beine. Den Schwanz zwischen die Beine geklemmt und unter hohem welpenartigem Jaulen versucht er zu entkommen, so schnell er kann. Ein Alphatier setzt ihm nach, dabei kommen ihm vielleicht auch das andere Alphatier oder untergeordnete Rudelmitglieder zu Hilfe. Außerhalb der Fortpflanzungszeit sind solche Auseinandersetzungen normalerweise von kurzer Dauer. Der Wolf, der die Flucht ergriffen hat, verbirgt sich für einige Zeit und

Signalsprache des Wolfes: Gesichtsausdruck

Normaler Ausdruck

Unterwürfig

Freundlich

Drohend

kehrt dann vorsichtig und in eindeutig unterwürfiger Haltung zum Rudel zurück. Alle Rudelmitglieder, angeführt von den beiden Alphatieren, begrüßen den Außenseiter freundlich und mit viel Schwanzwedeln.

Wenn ein rangniederes Tier sich ein Fehlverhalten zuschulden hat kommen lassen, braucht der Leitwolf den Aggressor nur zu fixieren, um ihn wieder zur Räson zu bringen. Das untergeordnete Tier wird Platz machen oder ein Stück Fleisch oder einen Knochen herausrücken. Wenn ein entspannter dominanter Wolf entweder im Liegen oder im Stehen aus irgendeinem Anlaß gestört wird, so steigt seine Erregung blitzartig an. Er steht mit steifen Beinen da, den Schwanz teilweise erhoben und die Ohren nach vorn gerichtet. Mit den Augen fixiert er den Anlaß der Störung. Ist dieser ernsthafter Natur, zum Beispiel ein Streit zwischen zwei rangniedrigen Tieren oder eine Übertretung durch ein untergeordnetes Tier, so sträuben sich die Nackenhaare des Anführers, und die Grannenhaare am ganzen Körper richten sich auf, von der Schwanz- bis zur Schnauzenspitze. In dieser Haltung sicht der Wolf wie eine überdimensionierte Flaschenbürste aus. Gleichzeitig gibt er ein sonores, lautes Knurren ab. Er zieht die Lippen zurück und öffnet teilweise den Mund, um die großen tödlichen Eckzähne zu entblößen. Angesichts dieser Drohung zeigt der rangniedrige Wolf sofort ein Demutsverhalten, indem er sich auf den Boden legt und seine verwundbaren Körperstellen entblößt.

Das Wolfsrudel ist eine sozial hochentwickelte Einheit. Die Mitglieder bleiben beisammen und ziehen miteinander umher, mag es sich nun um eine Jagd oder einfach um einen Ortswechsel vom einen Ende ihres Territoriums zum anderen handeln. Im zuletzt genannten Fall trotten sie hinter dem Alphatier her. Sie bleiben nahe beieinander, und jeder Wolf versucht seinen Tritt in die Spuren der Alphatiere zu setzen oder jedenfalls in deren unmittelbare Nähe. Wenn ein Rudel durch den Schnee gezogen ist, kann ein uneingeweihter Betrachter der Spuren zu dem Schluß kommen, es sei nur ein einzelner Wolf unterwegs gewesen.

Wölfe heulen im Stehen,
Sitzen oder Liegen.
© John und Ann Mahan

Gegenüberliegende Seite:
Bevor Wölfe sich zur
Jagd aufmachen, heulen
sie im Einklang.
© Karen Hollett

Warum wandern Wölfe in dieser Formation? Im Schnee erleichtern sie sich damit die Fortbewegung; es ist einfacher, eine bereits ausgetretene Spur zu benutzen. In anderen Situationen brauchen sie möglicherweise die Nähe des anderen zur gegenseitigen Bestätigung, oder sie lieben überhaupt den nahen Kontakt. Aufgrund meiner eigenen Beobachtungen neige ich zu dieser Meinung, denn Wölfe sind trotz der gelegentlich auftretenden ernsthaften Auseinandersetzungen im Grunde freundliche Tiere. Der Anführer eines Rudels oder ein anderes ranghohes Tier zeigt oft eine freundlich gemeinte Dominanz, indem es in einem ritualisierten Biß seine Zähne um die Schnauze eines untergeordneten Tieres schließt. Dieser ritualisierte Biß ist alles andere als blutig. Er stellt zugleich ein Zeichen der Zuneigung wie einen Aufruf zur Disziplin dar. Damit wird der Rang der beiden Exemplare bestätigt. Bei solchen Gelegenheiten reagiert das rangniedrige Tier, indem es seinen Schwanz zwischen die Hinterbeine klemmt, den Kopf senkt und winselt. In einigen Fällen kommt es auch vor, daß es Wasser läßt und sich dabei selbst demütig naß macht. Ein solches Verhalten zur Bestätigung der Rangordnung kann zu jedem Zeitpunkt auftreten und braucht keinen besonderen Anlaß.

Ganz ähnlich zeigt sich, daß Wölfe oft heulen, einfach weil ihnen danach zumute ist. Während die übrigen ruhen, mag ein einzelner Wolf zu heulen beginnen. Sekunden später fallen die übrigen Rudelmitglieder ein. Die einen stehen dazu auf, die anderen sitzen und wiederum andere bleiben am Boden liegen. Ich habe sehr oft Wölfe dabei beobachtet, und jedesmal kam es mir so vor, als würden sie wie der Mensch ein solches gemeinschaftliches Singen lieben.

Wölfe kennen ein ritualisiertes Heulen vor der Jagd. Rangniedrige Tiere bellen die Anführer eine Zeitlang an, bis das ganze Rudel zu heulen beginnt. Dabei stehen die Wölfe normalerweise zusammen, mit erhobenen Köpfen und weit geöffneten Mäulern. In dieser Stellung lassen sie ihre melodiösen Stimmen erklingen.

Vor nicht allzu langer Zeit wurde behauptet, die Wölfe würden ihre Stimme modulieren, um benachbarte Rudel in die Irre zu führen und um sie glauben zu machen, ihr Rudel sei größer als tatsächlich der Fall. In ähnlicher Weise meinten Forscher, auch Welpen würden bei einem Zusammentreffen ihre Stimme verändern, um fremde Rudel dahingehend zu täuschen, daß sie glaubten, bei den Jungtieren befänden sich auch Erwachsene. Ich kann diese Ansichten nicht teilen. Es ist schwierig, einen Wolf in die Irre zu führen. Und solche Theorien berücksichtigen überhaupt nicht die Tatsache, daß benachbarte Rudel in vielen Fällen nachbarschaftliche Beziehungen pflegen. Ich glaube vielmehr, die Wölfe heulen, um ihren Nachbarn mitzuteilen, wo sie sich gerade befinden. Im Fall der Wölfe, die auf menschliches Heulen antworten, bezweifle ich, daß sie glauben, sie antworteten anderen Wölfen.

Es trifft zu, daß Wölfe ihre Stimme erheblich verändern können. Ich meine jedoch, daß dies immer aus individuellen Gründen geschieht. Ein Wolfsweibchen in Gefangenschaft beispielsweise heulte wundervoll, wenn es denn wollte. Bei seinem Gesang bewegte es die Zunge im Mund auf und ab, so daß daraus ein schrecklicher Radau wurde. Das Weibchen ließ diese Art Heulen oft hören, wenn es erregt war, zum Beispiel wenn Menschen kamen und Futter brachten. Jeder Wolf hat sein eigenes Geheul. Wenn jemand die einzelnen Rufe eines Wolfes kennt, kann er die Stimme des Tiers leicht wiedererkennen, ähnlich wie man die Stimme eines Familienmitgliedes oder Freundes erkennt.

DIE SPIELE DER WÖLFE

Wölfe spielen gern. Gelegentlich zeigt ein Mitglied des Rudels deutlich, daß es spielen möchte, indem es den Schwanz leicht hebt, die Ohren nach vorn richtet, sich unterwürfig einem Kameraden nähert und gleichzeitig eine Vorderpfote hebt, als wollte es dessen Schnauze streicheln. Dann legt sich das Tier auf

Ein Wolfspärchen begrüßt sich liebevoll.
© Thomas Kitchin

50

den Boden. Wenn der Kamerad ebenfalls spielen möchte, wird er einen Satz nach vorn tun.

Während dieses Vorspiels bleibt das Tier, welches das Spiel begonnen hat, ausgestreckt auf dem Boden liegen, oder es steht auf und schießt davon. Im erstgenannten Fall springt der zweite Wolf auf den ersten, und die beiden beginnen sich zu balgen, wobei sie ein vorgetäuschtes Knurren ausstoßen und einander ritualisierte Bisse zufügen. Wenn eines der beiden Tiere aufspringt und wegläuft, nimmt das andere die Verfolgung auf. Die beiden Spieler laufen dann in engen Kreisen und springen über Hindernisse. Dabei stoßen sie ein schrilles Bellen aus oder kläffen wie ein Haushund. Wenn zwei Wölfe spielen, kommt es oft vor, daß andere Rudelmitglieder mitmachen, manchmal sogar die Alphatiere.

An einem frühen Wintermorgen vor ungefähr fünfundzwanzig Jahren, als ich in einer Blockhütte in den Wäldern Ontarios lebte, erwachte ich vom erregten Geheul von Wölfen. Ihre Stimmen kamen aus der Richtung eines großen Biberweihers. Weil die Rufe aus dieser Richtung einige Minuten lang anhielten, schloß ich, daß ein Wolfsrudel auf der schneebedeckten Eisschicht des Weihers spielte.

Ich hatte dieses Rudel drei Jahre lang studiert, und an einem Frühlingsmorgen hatte ich das Glück, seinen Bau zu finden. Es vergingen Wochen geduldigen Wartens, bis das Rudel mich als neutralen Beobachter akzeptierte. Nachdem sie zur Auffassung gelangt waren, ich sei harmlos, gaben die Wölfe einen großen Teil ihrer Vorsicht auf, wenn ich in der Nähe war. Sie wurden sogar neugierig auf mich. Sie nahmen oft meine Fährte auf und folgten mir, wenn ich versuchte, ihnen zu folgen.

Im nächsten Jahr hielt das Alphaweibchen denselben Bau besetzt. Einmal gelang es mir, den Anführer des Rudels, ein großes, grau, weiß und hellbraun gefärbtes Tier, sowie vier rangniedere Wölfe aus einer Entfernung von etwa sechzig Metern zu beobachten. Ungefähr eine Stunde nachdem ich meinen

*Arktische Wölfe beim
Schmusen.*
© J. D. Taylor

Beobachtungsplatz eingenommen hatte, erschien das dunkelgraue Alphaweibchen mit seinen beiden Welpen aus dem Bau. Größe und Art der Bewegungen der Jungtiere verrieten, daß sie ungefähr drei Wochen alt waren. Beide waren Männchen, und ich taufte sie Rom und Rem.

Wie alle Jungtiere in diesem Alter waren auch diese Welpen tapsige, aktive Geschöpfe mit bräunlichem Fell, Kindchengesichtern und kleinen Ohren. Unter den aufmerksamen Augen ihrer Mutter balgten sie sich unaufhörlich in unmittelbarer Nähe des Eingangs zum Bau herum, und obwohl sie selbst noch ungeschickt waren, liefen sie doch beim leisesten ungewohnten Geräusch schnell in die Röhre ihres Baus zurück.

Im darauffolgenden Januar waren die Wölfe fast ganz erwachsen und zu nützlichen Rudelmitgliedern geworden. Am Tag, bevor ich das Kläffen, Heulen und Bellen aus der Richtung des Biberweihers hörte, hatte ich die Wölfe sechs Tage lang nicht gesehen und auch ihr Rufen nie vernommen. Ich war bereits zu dem Schluß gekommen, sie hätten das Gebiet verlassen, als ich wieder Wolfsstimmen vernahm. Ich fragte mich, ob es auch *mein* Rudel war, als ich mich an jenem Morgen eilig, doch ausreichend gegen die Außentemperatur von minus 40 Grad anzog.

Als ich durch den Schnee ging und dabei so wenig Geräusche wie möglich zu machen versuchte, kamen ihre Rufe weiterhin aus derselben Richtung. Zehn Minuten später arbeitete ich mich durch dichtes Gebüsch hindurch, um verborgen zu bleiben, gelangte so an den Westrand des Weihers und sah das Rudel. Sie spielten tatsächlich, und wie laut!

Ich lag ungefähr hundertfünfzig Meter von den Wölfen entfernt am Boden und konnte ihre Bewegungen durch einen Feldstecher beobachten. Sie spielten offensichtlich die Wolfsversion eines Kinderspiels, das man in England »Hase und Hunde« nennt. Ein Wolf spielte den Hasen, den die anderen zu fangen versuchten. Die Wölfe spielten das Spiel mit großer Geschwindigkeit und hohem Einsatz, wobei sie gelegentlich heulten und bellten, dann wieder schrill kläfften und auch vor Schmerzen aufschrien, wenn sie miteinander zusammenstießen. Dies geschah sehr oft auf der glatten Eisoberfläche, die nur von einer dünnen Schicht aus weichem Schnee bedeckt war.

Das Alphatier war der Hase, wie ich bemerkte. Seine Geschlechtspartnerin und die übrigen sechs Wölfe, die nun vollwertig zum Rudel zählten, jagten es. An einem bestimmten Punkt lag es ungefähr drei Längen vor dem rangnächsten Männchen. Mit der Grazie einer Ballerina schlug es einen Haken und schlitterte kontrolliert über das schneebedeckte Eis. Das Alphatier richtete sich danach wieder auf und griff seinerseits das Betamännchen an. Dieses wurde in den Schnee gestoßen – zum offenkundigen Entzücken der übrigen Rudelmitglieder, die ihre Rufe verstärkten und zum Betamännchen rannten, als es wieder auf die Beine kam. In der Zwischenzeit hielt das Alphatier inne und beobachtete seine Familie. Sekunden darauf begann die Jagd von neuem, und wieder griff das Alphatier ein Rudelmitglied an und warf es um, wie es das bereits mit dem Betamännchen getan hatte.

Nachdem ich die Wölfe ungefähr sechs Minuten lang beobachtet hatte, führte die frenetische Jagd sie zum anderen Ufer des Weihers. Dort spielten sie einige Augenblicke weiter. Doch plötzlich hielt das Alphatier inne, blickte über die Schneelandschaft dorthin, wo ich verborgen lag, und schoß in den Wald, wobei ihm die übrigen Rudelmitglieder sofort folgten. Offensichtlich hatten die Wölfe meinen Geruch wahrgenommen, obwohl die leichte Brise, die durch die immergrünen Nadelhölzer strich, nicht einmal aus meiner Richtung wehte.

Das Verhalten der Alphatiere verwunderte mich. In der Vergangenheit hatten sie es zugelassen, daß ich sie aus geringerer Entfernung beobachtete, und sie wußten seit langem, daß ich mich in ihrer unmittelbaren Nachbarschaft befand. An diesem frostigen Morgen kam ich jedoch zu dem Schluß, daß ich das Rudel überrascht hatte. Das schätzen Wölfe offensichtlich überhaupt nicht, denn die

Anführer spüren, daß sie immer über alles, was in der Umgebung geschieht, Bescheid wissen sollten. Wenn man sie überrascht, verrät ihr Verhalten, daß sie verlegen sind oder sich gar einer Schuld bewußt. Jedenfalls reagierten das Männchen und das Weibchen des East Pack, wie ich das Rudel genannt hatte, gewiß auffallend heftig auf meinen ihnen vertrauten Duft.

Daß das Rudel meine Gegenwart akzeptiert hatte, hatte sich deutlich bei einem Zwischenfall im Herbst davor gezeigt. Ich folgte gerade den Wölfen und schlief im Freien in einem Daunenschlafsack, den ich mit Ölzeug bedeckt hatte, um die Feuchtigkeit der Nacht abzuhalten. Am frühen Morgen wurde ich von einem Geräusch geweckt, das sich wie Regengeplätscher auf meinem Ölzeug anhörte. Als ich meinen Kopf hob, sah ich gerade noch rechtzeitig, wie das Alphamännchen sein rechtes Bein wieder senkte, einen Schritt zurücktrat und die Flüssigkeit beschnüffelte, die es am Fuße meines Bettes abgeschlagen hatte. Dann drehte es sich um und scharrte Erde auf das Ölzeug, wobei einige Stücke davon auf meinem Gesicht landeten. Hinter dem Alphatier stand das Rudel und beobachtete das Schauspiel. Der Gesichtsausdruck der Wölfe verriet den Spaß, den sie hatten. Sie zeigen dieses Gefühl, indem sie den Mund leicht öffnen und dabei lächeln – das ist ziemlich wörtlich zu nehmen. Ich war das Ziel einer Wolfsposse geworden, eines spielerischen Verhaltens, an dem die Tiere oft ihren Spaß haben.

Zu dem Rudel stand ich fünf Jahre lang in enger Beziehung, und in dieser Zeit lehrten sie mich viel über sich und Wölfe im allgemeinen.

TERRITORIEN

Lange bevor die Menschen ähnliche Strategien übernahmen, gab es bereits Wolfsrudel als Familieneinheiten, in denen jedes Mitglied zum Nutzen aller kooperierte. Jedes Wolfsrudel beanspruchte sein eigenes Territorium, und auch heute jagen sie in Revieren, deren Größe sehr stark schwanken kann. Entscheidende Faktoren dafür sind der Reichtum an Beutetieren und die Gestalt der Landschaft. In gebirgigen Gebieten Kanadas beispielsweise, wo mäandernde Täler und Pässe die einzig möglichen Lebensräume für Beutetiere darstellen, sind Wolfsterritorien größer als in weniger gebirgigen Gebieten mit höherer Beutetierdichte und weniger unwirtlichem Gelände. Dazu kommt, daß die Reviere des Sommers meistens kleiner sind als die Reviere des Winters. Sommerterritorien in den Waldgebieten sind kleiner als in der Tundra, wo sich die Wölfe oft bis 35 Kilometer weit von ihrem Bau entfernen.

Im Jahr 1960 untersuchten von der Provinzregierung angestellte Biologen ein 2600 Quadratkilometer großes Waldgebiet in Ontario und fanden heraus, daß zwanzig Wolfsrudel darin lebten. Statistisch gesehen ergab sich damit für jedes Rudel ein Territorium von 130 Quadratkilometern. Doch derart regelmäßige Einteilungen gibt es in der realen Welt der Wölfe praktisch nicht. Einige

Rudel können dort in einem relativ kleinen Gebiet ein gutes Auskommen haben, während andere viel größere Strecken zurücklegen müssen, bevor sie in der Jagd Erfolg haben.

Biologische Untersuchungen deuten darauf hin, daß die durchschnittliche Wolfsdichte in Nordamerika sowie in der Tundra und Taiga Eurasiens nicht mehr als einen Wolf pro 26 Quadratkilometer beträgt. Dieser Aussage zufolge kann ein Rudel mit einem Territorium von 100 Quadratkilometern nur aus vier Wölfen bestehen, während das Nachbarrudel, dessen Revier 150 Quadratkilometer umfaßt, sechs Tiere umfaßt. Auch hier wollen wir noch einmal betonen, daß solche glatten Rechnungen den natürlichen Verhältnissen selten gerecht werden, wenn überhaupt jemals.

Wolfsterritorien sind niemals statisch. Wölfe dringen im Spiel wahrscheinlich oft in neue Territorien ein. Dieses Territorium kann von einem anderen Rudel beansprucht werden oder auch nicht. Es kommt auch vor, daß ein Rudel das eine Ende seines Territoriums nur ein- oder zweimal pro Jahr besucht. Jedenfalls gibt es keine scharfen Markierungen, weil es auch keine scharfen Grenzen gibt.

Im Hinblick auf die territorialen Grenzen wurde sehr viel über die sogenannten Duftmarken geschrieben. Man bezeichnet damit Objekte, an denen die Wölfe Urinspritzer absetzen, zum Beispiel Baumstümpfe, Felsen, Büsche, einzeln stehende Bäume oder besondere Stellen auf dem Waldboden, an denen Wölfe haltmachen und urinieren, ohne unbedingt zu müssen. Wo immer ein Wolf einen Harnspritzer abgesetzt hat, werden andere vorbeikommende Wölfe innehalten, schnüffeln und selbst wieder urinieren. Das Markieren mit einem Harnspritzer hat offensichtlich viel mit dem sozialen Rang zu tun. Normalerweise beginnt das Alphamännchen mit der Zeremonie. Es geht dann einen Schritt zurück und scharrt kräftig mit den Hinterbeinen Erde darüber, um auf dem Boden noch mehr Duftspuren zu hinterlassen. Wolfsweibchen setzen offensichtlich viel weniger Duftmarken als Männchen.

Lange Zeit wurde behauptet, solche Stellen würden die Grenzen des Territoriums markieren und ihr einziger Zweck sei es, andere Wölfe vor einem Übertreten zu warnen. Bis auf den heutigen Tag habe ich noch keinen Beweis für diese Behauptung gefunden. Meines Erachtens entstammt sie unserer eigenen strengen Auffassung von einem Territorium als einem Bereich, dessen Grenzen dauernd von Truppen und Polizeikräften bewacht und vor Eindringlingen geschützt werden. Aufgrund meiner eigenen Feldstudien neige ich zu der Meinung des Schweizer Verhaltensforschers Rudolf Schenkel, der behauptete, die Duftmarken stellten eine nichtaggressive Art der Kontaktaufnahme zwischen Nachbarn dar.

Ferner wurde behauptet, daß wenn ein Mensch auf eine solche Duftmarke uriniert, die Wölfe sofort herbeieilen und den menschlichen Duft mit ihrem eigenen überdecken. Das habe ich viele Male selbst versucht, konnte dabei aber nie mehr als ein vorübergehendes, eindeutig gleichgültiges Schnüffeln an der von mir markierten Stelle provozieren. Andererseits markieren Wölfe alle Stellen, an denen Urin oder Kot abgegeben wurde, sofern sie dort den Duft von anderen Wölfen, Kojoten, Stinktieren, Waschbären, Elchen, Hirschen und so weiter wahrgenommen haben. Aus der Stärke des Duftes erfahren sie, wie lange die entsprechende Harn- oder Kotabgabe schon zurückliegt.

Vor einigen Jahren suchte ich in unserem Wald einen geeigneten Weih-

Wölfe in Montana schnuppern im Schnee um einen Busch. Wenn Wölfe an solchen Stellen den Geruch fremder Artgenossen wahrnehmen, überdecken sie ihn mit ihrem eigenen Urin. Anschließend scharren sie mit ihren Hinterbeinen Schnee oder Erde darüber.
© Robert Zakrison

nachtsbaum. Ich fand dabei eine große Balsamtanne, die ich gefällt hatte, weil in ihrem Wurzelsystem ein Pilz wucherte. Die Spitze des Baums war noch saftig und grün, also für meine Zwecke ideal geeignet. Ich kniete mich in den Schnee und sägte sie ab. Bei der Arbeit bemerkte ich, daß einige kleine gelbe Kügelchen an den Zweigen und Nadeln hingen. Ich hielt sie für den harzigen Balsam dieser Tannen.

Ich schulterte den Baum, trug ihn nach Hause, keilte ihn im Ständer fest und stellte ihn vor einem der Fenster im Wohnzimmer auf. Kurz danach begann meine Frau Sharon den Baum zu schmücken. Doch ungefähr zehn Minuten später kam sie zu mir und meinte, die Zweige verströmten einen merkwürdigen Geruch. Ich nahm an, sie meinte damit den Duft des Kanadabalsams, doch ging ich hin, um nachzusehen. Ein Schnüffeln reichte aus, um zu erkennen, daß es sich um Wolfsharn handelte. Fast im selben Augenblick bemerkte ich, daß die gelben Kügelchen, die ich fälschlicherweise für Harztröpfchen gehalten hatte, geschmolzen waren! Sharon war an solche kleinen Überraschungen gewohnt und schmückte den Baum zu Ende. Der etwas moschusartige Geruch des Wolfsharns verschwand im geheizten Haus nach nicht allzu langer Zeit. Bei meinen Holzarbeiten kehrte ich zum gefällten Baum zurück und bemerkte beim näheren Hinsehen, daß tatsächlich Wölfe gegen die Baumspitze uriniert hatten. Ich sah, was mir zuvor nicht aufgefallen war: gelbliche Flecken im Schnee an der Stelle, wo der Weihnachtsbaum gelegen hatte.

Ich hatte die betreffende Stelle schon vor vier Tagen besucht, noch bevor ich die Balsamtanne gefällt hatte, und obwohl ich Wolfsspuren in der unmittelbaren Nachbarschaft und in einiger Entfernung zwei Stellen gefunden hatte, die das Rudel mit seinem Duft versehen hatte, gab es an der Stelle der Balsamtanne weder Spuren noch Duftmarken. Als ich den Schnee sorgfältig untersuchte, bemerkte ich eine Wolfsspur, die zur Stelle führte, an der Schnee vom Harn verfärbt war. Dann führte sie weg in dichtes Unterholz. Ich verfolgte die Spur zurück und erkannte dort die Stelle, an der ein Wolf das Rudel verlassen hatte, um auf den Baum seinen Harnspritzer abzusetzen. Ich kehrte zu dem Urinfleck zurück und folgte der Spur, die von der Balsamtanne weg und dreißig tüchtige Schritte weit an eine Stelle führte, an der der Wolf wieder zum Rudel gestoßen war.

Ich wollte herausfinden, ob die Wölfe regelmäßig an der Stelle Duftmarken setzten, und besuchte sie deshalb im Verlauf des Winters immer wieder. Ich fand eine Reihe von Stellen in der Nachbarschaft, gegen die das Rudel uriniert hatte, doch keiner der Wölfe war zur Balsamtanne zurückgekehrt. Abgesehen von dieser Erfahrung habe ich über all die Jahre hinweg zahlreiche Stellen untersucht, an denen die Wölfe ihren Urin abgesetzt hatten. In manchen Gebieten hatten sie auf Bäume, Baumstümpfe oder Sträucher uriniert, die sich nur fünf oder zehn Schritte von anderen Duftmarken entfernt befanden.

Warum setzen Wölfe und Hunde Duftmarken? Vielleicht wollen sie damit zeigen, daß sie da sind, und gleichzeitig andere Wölfe grüßen. Weil Duftmarken allen Wildtieren und besonders Wölfen so viel bedeuten, stimuliert der Duft des einen Tiers ein anderes dazu, auch seinen Duft an Ort und Stelle abzugeben, wie wenn es damit sagen wollte: »Auch ich war hier.« Dazu kommt sicher, daß Duftmarken andere Rudel darauf aufmerksam machen, daß sie sich in einem Gebiet befinden, in dem bereits eine Wolfsfamilie jagt. Diese Information kann die »Eindringlinge« durchaus veranlassen, das Gebiet wieder zu verlassen. Schließlich dienen die Duftmarken auch dem Erkennen der Verwandtschaft.

BEZIEHUNGEN ZWISCHEN RUDELN

Im Oktober 1991 bat uns eine Tierschutzvereinigung in Ontario, einen mißhandelten, vier Monate alten Wolf aufzunehmen, der einer Motorradgang als Maskottchen gedient hatte. Der Wolf, den wir Silva getauft hatten, war be-

Wölfe geben sich oft aggressiv, was aber normalerweise nicht zu Verletzungen führt.
© John und Ann Mahan

60

*Bei dieser Begrüßungs-
zeremonie bellen
rangniedere Wölfe ein
Leittier an, um ihre
Zuneigung und
Zusammengehörigkeit
zu zeigen.*
© John und Ann Mahan

reits drei Monate bei uns, als Freunde zu Besuch kamen, Bob und Jackie Gurr,
die einen sibirischen Schlittenhund besaßen. Jackie wurde mit dem Wolf bekannt gemacht, und er akzeptierte ihre Präsenz im Gehege, allerdings nicht ihre
Berührung. Bob blieb draußen, denn Silva fürchtete sich aufgrund ihrer früheren Erfahrungen vor Männern. Wir waren neugierig darauf, wie sie auf den
Husky der Gurrs reagieren würde. So führte Jackie den Hund Halley zum
Zaun. Silva geriet in Panik!

Später ging ich mit Alba, einem unserer vier Wölfe, an der Leine spazieren,
und das Weibchen ging in Richtung auf Silvas Gehege. Zunächst hatte ich das
Gefühl, ich sollte es nicht zulassen, daß Alba in die Nähe des jungen Wolfes gelangte. Doch ich beobachtete Silva und merkte, daß sie eher Interesse als Angst
zeigte, und so erlaubte ich Alba, sich dem Zaun zu nähern. Zu meiner Überraschung kam Silva sofort heran, wedelte kräftig mit dem Schwanz und winselte.
Ihr Verhalten war das eines jungen Wolfes gegenüber einem älteren Rudelmitglied. Silva war so gierig darauf, mit Alba Kontakt aufzunehmen, daß sie ihren
Kopf durch eine der Drahtmaschen zwängte, die zehn mal fünfzehn Zentimeter maßen, und den anderen Wolf leckte.

Am nächsten Tag kamen die Gurrs zu uns, um uns Fotos zu zeigen, die Bob
von Alba und Silva aufgenommen hatte. Als wir ihnen von der Reaktion des
jungen Wolfes auf das reife Weibchen erzählten, stellten Bob und Jackie die
Frage, ob Silva nun nicht doch auch Halley akzeptieren würde. Ich hielt es für
eine gute Idee, es noch einmal zu versuchen, und bat Jackie, den Husky ans Gehege zu führen. Noch ehe der Hund am Maschenzaun war, reagierte Silva
äußerst beunruhigt.

Ich war entzückt, nicht etwa, weil Silva Angst vor dem Hund hatte, sondern
weil ihre Reaktionen darauf hindeuteten, daß Wölfe eine Blutsverwandtschaft
spüren können. Silva hatte eindeutig und ohne Zögern Alba als ein Tier ihrer
eigenen Art erkannt. Ebenso deutlich spürte sie, daß der Hund ein fremdes Tier

61

war. Bei der Beobachtung von Rudeln in freier Wildbahn hatte ich mich schon Jahre zuvor mit einer Kontroverse beschäftigt, die noch heute zwischen Wolfsbiologen besteht. Die eine Seite behauptet kategorisch, ein Rudel würde sein Territorium beim Eindringen eines anderen Rudels immer im Kampf verteidigen. In der Tat gibt es Beweise für solche Kämpfe, bei denen mitunter auch Wölfe zu Tode kamen. Auf der anderen Seite argumentieren Biologen mit Beobachtungen, bei denen sich Wölfe unter solchen Umständen nicht aggressiv verhielten. Ich selbst habe Beispiele für beide Reaktionsweisen gesehen.

Bei drei Gelegenheiten in verschiedenen Gebieten Kanadas konnte ich beobachten, wie Rudel in die Territorien ihrer Nachbarn eindrangen und auf diese trafen. In jedem dieser Fälle gingen die beiden Alphamännchen, erwartungsvoll beobachtet von ihren Gefährten, mit hoch erhobenem Schwanz und gesträubten Nackenhaaren aufeinander zu. Sie näherten sich steifbeinig und langsam. Als sich ihre Nasen fast berührten, begannen beide mit den Schwänzen zu wedeln. Sekunden später begannen die beiden Rudel, sich zu balgen und zu spielen. Die Tiere tollten auf der kleinen Lichtung herum, auf der das Treffen stattfand. Sie sprangen übereinander, warfen sich gegenseitig zu Boden und rannten in Kreisen hintereinander her.

Bei anderen Gelegenheiten jedoch trat das Gegenteil ein: Auf die Begegnung folgte der Kampf. In einem Fall wurde einer der Eindringlinge, ein junges Männchen, soweit ich durch meinen Feldstecher beobachten konnte, schwer verletzt. Dann ergriff das eingedrungene Rudel die Flucht, hart bedrängt von den Revierinhabern.

Wie kommt es zu solch unterschiedlichen Reaktionen? Zunächst glaubte ich, es sei eine Frage der Nahrungssituation. Wenn es genügend Futter für alle gibt, ist durch einen Kampf nichts zu gewinnen, sondern höchstens eine Menge zu verlieren. Diese Antwort erschien mir vernünftig – noch heute. Doch habe ich das Gefühl, daß mehr dahintersteckt. Eine Untersuchung über die Wölfe des

Während der eine Wolf einem Konflikt aus dem Weg geht, zeigen die anderen eine kontrollierte Aggression. Sie lassen dabei gleichzeitig Elemente des aggressiven und des demütigen Verhaltens erkennen.
© E. A. James/NHPA

Wenn ein ranghoher Wolf sich einem untergeordneten Tier nähert, zeigt dieses eine typische Demutshaltung.
© Pauline Brunner

Isle Royale National Park in Michigan verspricht, einiges Licht auf die Frage zu werfen. Die genannte Insel liegt in der Nordwestecke des Oberen Sees und besteht aus 544 Quadratkilometern ziemlich rauhen, waldbestandenen Geländes vor der Küste von Ontario. Seit dem Jahr 1951 leben auf dieser Insel wieder Elche und Wölfe. Im späten 19. Jahrhundert waren die natürlichen Ressourcen der Insel durch Bergbau und Holzfällerei verwüstet worden. Auf ihr lebten damals nur noch wenige Elche, neben Bibern, Rotfüchsen, Schneeschuhhasen sowie weiteren kleinen Säugern und Vögeln. Doch Wölfe gab es bis 1951 keine mehr auf der Insel.

Im Lauf der Jahre hatte die Vegetation die verwüsteten Gebiete wieder zurückerobert und bot nun mehr Nahrung für die Elche. Die Elchpopulation wuchs schnell, so daß die Vegetation nicht Schritt halten konnte. Am Ende war sie so groß geworden, daß die Tiere fast so viel Schäden anrichteten wie die Holzfäller in früheren Jahren. Unter ähnlichen Bedingungen auf dem Festland hätten sich die Elche in andere Gebiete aufgemacht, bevor sie ihre Nahrungsgrundlage zerstörten, doch auf der Insel gab es kein solches Ventil für den Populationsdruck. In der Folge wurde die Vegetation zu einem großen Teil zerstört, und die Zahl der Elche ging drastisch zurück.

Doch wie es die Natur vorsieht, wenn sie sich ungestört vom Menschen entwickeln kann, erholte sich die Vegetation. Auch die Elche hielten Schritt mit dem Futterangebot und nahmen an Zahl wieder zu. Die Biologen des *United States Fish and Wildlife Service* in der Hauptstadt Washington begannen sich nun Sorgen zu machen. Wenn die Zahl der Elche wieder wuchs, würden sie dann erneut die Pflanzenwelt der Insel verwüsten? Das schien unausweichlich.

Schließlich entdeckte jemand im Jahr 1951 eine Wolfsspur auf der Insel, machte einen Abguß davon und sandte ihn nach Washington. Die Biologen äußerten leisen Optimismus, waren aber auch erstaunt. Wie war ein Wolf auf die Insel gelangt? Es erschien wahrscheinlich, daß einer oder mehrere Wölfe von

*Der Wolf im
Vordergrund zeigt ein
dominantes Verhalten
mit entblößten Zähnen,
aufgestellten und nach
vorn gerichteten Ohren.
Der Wolf im
Hintergrund nimmt
eine Demutshaltung ein,
indem er seine Ohren
anlegt, den Kopf und
den Schwanz niedrig
trägt.*
© Wm. Munoz

Ontario aus während eines bitterkalten Winters auf die Insel gelangt waren, als der See weitgehend zugefroren war. Die Tiere mußten über das Eis getrottet sein – je nach ihrer Ausgangsstelle in Ontario zwischen 24 und 29 Kilometer weit. Diese Überquerung war freilich nicht direkt beobachtet worden. Deshalb wissen wir auch nicht, weshalb Wölfe in Ontario es für nötig oder ratsam hielten, die gefährliche Reise zu wagen. Da in den darauffolgenden drei Jahren die Zahl der Wölfe langsam anstieg, stand fest, daß mindestens ein Männchen und ein Weibchen sich auf der Isle Royale niedergelassen hatten.

Im Jahr 1957 war der Biologe Dr. Durward L. Allen behilflich, eine Untersuchung über die Populationen der Wölfe und Elche auf der Insel zu organisieren. Schließlich wurde er zum Leiter dieser Studie ernannt und hatte diese Funktion bis 1975 inne, als Dr. Rolf Peterson die Leitung übernahm.

Die Bedeutung der Studie liegt darin, daß es vielleicht zum erstenmal gelungen war, in einem geschlossenen, heute vom Menschen weitgehend unbeeinflußten Ökosystem die Beziehungen zwischen einem Jäger und seiner Beute und die Wechselwirkungen von Elch und Wolf zu ihrer Umwelt zu untersuchen. Die Ergebnisse zeigten, daß sich unter den Bedingungen, die auf der Insel herrschten, die Elche trotz der Jagdtätigkeit der Wölfe anfangs, während der ersten Jahre der Studie, weiter vermehrten. Auch die Jäger vermehrten sich und hielten so Schritt mit ihrer Nahrungsgrundlage.

Einige Jahre lang hatte es den Anschein, als würden die Populationen der Elche und der Wölfe eine andauernde Balance mit ihrer jeweiligen Nahrungsgrundlage halten, das heißt, die Individuenzahlen beider Arten schwankten andauernd leicht, vermehrten sich aber weder dramatisch, noch sanken sie rasch ab. Aber es kam anders. Im Jahr 1970 lebten auf der Insel ungefähr 1200 Elche und etwa 18 Wölfe. Im darauffolgenden Jahr brach die Elchpopulation zusammen, und ihre Zahl fiel auf ungefähr 750, während die Zahl der Wölfe auf 20 anstieg. Von diesem Punkt an schwankte die Anzahl beider Arten sehr stark. Die Wölfe vermehrten sich weiterhin, erlebten aber 1977 einen Zusammenbruch, wobei ihre Zahl von einem Höchststand von ungefähr 42 auf rund 33 sank. Im darauffolgenden Jahr erholten sie sich und vermehrten sich wieder kontinuierlich, bis sie 1980 einen neuen Höchststand von 50 Tieren erreichten. In diesem Jahr schrumpfte die Elchpopulation auf etwas über 600 Tiere. Als im Jahr darauf die Zahl der Elche wieder stieg, fiel die der Wölfe. In seinem Bericht für das Jahr 1991/92 schreibt Peterson, daß die Zahl der Elche auf 1600 Tiere geklettert sei. Diese Zahl entspricht fast dem höchsten Stand der vergangenen vierzig Jahre. Die Population der Wölfe war jedoch auf zwölf geschrumpft.

Die Hauptfrage, die sich nun stellt, lautet, ob die Anzahl der Wölfe, zumindest im Fall der Isle Royale, überwiegend von der Nahrungsgrundlage oder von negativen Auswirkungen der Inzucht geregelt wird. Die Frage nach der Nahrungsbasis wird wohl in naher Zukunft beantwortet werden können, wenn nämlich die Zahl der alten Elche zunimmt, die für die Wölfe eine leichte Beute darstellen. Die Frage nach den Auswirkungen der Inzucht ist schwerer zu beantworten, denn wir kennen die genetische Ausstattung der ursprünglichen Einwanderer nicht. Dennoch zeigen die Daten von Allen, Peterson und anderen Forschern, daß die Nahrung in der Tat »die entscheidende Frage in allen Tiergesellschaften ist«, um die Formulierung des englischen Biologen Charles Elton zu gebrauchen.

Sollte sich herausstellen, daß die Wolfspopulation aus genetischen Gründen zurückgeht, so wäre auch das ein bedeutender Beitrag zu unserem Wissen. Meine eigenen Feldbeobachtungen deuten darauf hin, daß Wölfe sich sehr wohl eine Zeitlang durch Inzucht vermehren können, aus dem einfachen Grund, weil genetisch unzulänglich ausgestattete Welpen kaum das Erwachsenenalter erreichen, während genetisch gesunde Zwillinge heranwachsen und ihre Stellung im Rudel einnehmen. Sollten meine Beobachtungen wissenschaftlich korrekt sein, so ließe sich eine Zunahme der Wolfspopulation auf der Isle

*Die nach hinten
gelegten Ohren des
rangniedrigen Tieres
signalisieren seine
respektvolle
Unterordnung.*
© Karen Hollett

Royale in den Jahren 1993/94 erwarten. Ist jedoch Inzucht der Grund für die geringe Zahl von Wölfen, so würde dies über kurz oder lang das Verschwinden dieser Art von der Insel zur Folge haben.

Jedenfalls hat es den Anschein, als könnte die rudelübergreifende genetische Verwandtschaft erklären, warum manche Rudel bei einem Treffen freundlich miteinander umgehen, sofern genügend Nahrung vorhanden ist. Ist dies jedoch nicht der Fall, so werden die Territorien wohl eifersüchtig überwacht, und dann können auch Konfrontationen zwischen verwandten Rudeln auftreten, wie dies auch innerhalb einer Familiengruppe der Fall sein kann, beim Menschen wie beim Wolf. Es gibt in der Tat mehr Beispiele als genug für schwere territoriale Konflikte zwischen menschlichen Populationen. Die Streitigkeiten zwischen Wölfen sind im Vergleich dazu unbedeutend.

Wenn ich mit Laien über die Fähigkeit der Wölfe spreche, genetische Verwandtschaft zu erkennen, so werde ich immer dasselbe gefragt: »Wie geschieht das?« Die Antwort ist einfach: Die Wölfe haben einen unvorstellbar feinen Geruchssinn, und durch das Erschnuppern des genetischen Geruchssiegels können sie die eigene Art und selbst nahverwandte Tiere als solche identifizieren.

Als unsere beiden Wölfe Tundra und Taiga fünf Monate alt waren, kam meine Tochter Alison aus England zu Besuch. Die Welpen waren ihr nie begegnet, doch als sie mich zu deren Gehege begleitete, überraschte mich das Verhalten der Tiere. Als wir uns näherten, reagierten beide Wölfe nicht anders als sonst, wenn ich allein zu ihnen kam.

Obwohl ich überrascht war, erwähnte ich Alison gegenüber nichts davon. Ich öffnete das Gatter und ließ sie als erste eintreten. Zu meiner weiteren Überraschung rannten die Wölfe vor der »Fremden« nicht weg, wie sie es bisher bei allen Besuchern getan hatten, die das Gehege zum erstenmal betraten. Vielmehr sprangen sie an Alison hoch und bellten sie an, wie es alle Wölfe mit einem Familienmitglied tun, das einige Tage abwesend war. Als sie sich auf der

Treppe der Scheune niederließ, wo wir die Wölfe füttern und wo sie im Sommer Schutz vor Hitze und Stechfliegen finden, legten sich Tundra und Taiga ihr zu Füßen.

Alison begann beide mit je einer Hand zu streicheln, als plötzlich ihr Magen knurrte. Bei diesem Geräusch klemmten beide Welpen ihre Schwänze zwischen die Hinterbeine und machten sich selber in demütigem Verhalten naß. Sie hatten das Geräusch meiner Tochter als Wolfsknurren gedeutet und entsprechend darauf reagiert. Dieses Verhalten zeigten sie auch bei den seltenen Gelegenheiten, bei denen ich sie »zurechtweisen« mußte, was ich mit einem – allerdings nicht sehr gelungenen – Wolfsknurren tat. Offenkundig behandelten sie meine Tochter als verwandtes, ranghöheres Alphaweibchen.

Ich sprach nach der Rückkehr nach Hause weder mit Alison noch mit Sharon über meine Schlußfolgerungen. Statt dessen sagte ich meiner Frau, es würde Alison vielleicht Spaß machen, am Nachmittag mit Taiga an der Leine spazierenzugehen. Normalerweise taten wir das mit den Wölfen zweimal am Tag. Sharon führte normalerweise Taiga an der Leine, doch wenn das junge Weibchen zu sehr zog, tauschten wir die Tiere und Sharon bekam Tundra, die leichter im Zaum zu halten war. Taiga, die mich als Alphamännchen betrachtete, ging dann ganz ruhig und gehorsam, denn sie wußte, daß ich die Leine führte. Ich fragte mich nun, wie sie auf Alison reagieren würde. Um drei Uhr nachmittags fand ich es heraus.

Taiga reagierte auf Alisons Hand genauso wie auf meine. Es wurde mir klar, daß die jungen Wölfinnen unsere Verwandtschaft erkannt hatten. Obwohl unsere Pheromone anders sind als die der Wölfe, spürten die Welpen doch eine Ähnlichkeit zu ihren eigenen Verwandtschaftsverhältnissen.

Ein rangniedriger Wolf zeigt den beiden Alphatieren des Rudels seine Unterwürfigkeit.
© Wm. Munoz

68

KAPITEL 3

DIE JAGD

ZUM THEMA DER HÄUFIG AUFTRETENDEN SOZIALEN INTERAKTIONEN VOR JAGD-
beginn berichtete Adolph Murie in seinem Buch *The Wolves of Mount McKinley* über ein Rudel, das er mehrere Tage lang beobachtet hatte. Eines Abends
sammelte es sich in der Nähe des Baus, in dem das Alphaweibchen noch seine
Welpen säugte. Die Tiere begannen sich gegenseitig zu lecken, während sie mit
den Schwänzen wedelten, dann »heulten sie alle los. Und während sie heulten,
kam das graue Weibchen aus dem Bau aus neunzig Metern Entfernung heran-
gelaufen und stieß zu ihnen. Die Mutter wurde mit kräftigem Schwanzwedeln
und freundlich erregter Geselligkeit begrüßt. Allmählich kam die Vorstellung
zu einem Ende, und fünf Schnauzen richteten sich gen Himmel. Ihr Heulen er-
scholl weit über die Tundra«. Nach dem Heulen, so schrieb Murie, ging das
Weibchen in seinen Bau zurück, um für die Welpen zu sorgen, und die restlichen vier Wölfe brachen auf zur Jagd.

Ein solches Verhalten ist oft, aber doch nicht jedesmal zu beobachten, bevor
ein Rudel auf die Jagd geht. Ähnliche Demonstrationen der Zuneigung und Erregung, die ich mit eigenen Augen gesehen habe, fanden immer in der Nähe
eines Baus statt, zu einer Zeit, da das Alphaweibchen für seine Jungen sorgte.
Es kann sein, daß die Zeit der Geburt und Aufzucht der Welpen, die stets eine
aufregende und fröhliche Zeit für das Rudel darstellt, das überschwengliche
Verhalten auslöst. Jedenfalls können die Wölfe auch ganz ruhig mit der Jagd

*Ein Elchweibchen mit
seinem halbwüchsigen
Kalb. Wenn die Mutter
dabei ist, haben Wölfe
einige Schwierigkeiten,
ein solches Jungtier zu
erlegen.*
© Bob Gurr Photo

Eine Jagd auf
Moschusochsen in
offenem Gelände in
Kanada. Ein Rudel
arktischer Wölfe
(gegenüberliegende
Seite oben) ist
vorübergehend
durch die
Verteidigungstaktik
der Herde aus dem
Konzept gebracht. Die
erwachsenen Tiere
bilden eine geschlossene
Linie vor ihren
Kälbern
(gegenüberliegende
Seite unten). Doch die
Manöver der Wölfe
machen die Beutetiere
immer nervöser (oben),
und die Herde gerät in
Panik. Schließlich
gelingt es dem Rudel,
ein Kalb zu erlegen
(rechts).
© David Mech

73

beginnen. Eines oder beide Leittiere stehen dann einfach von ihrem Ruheplatz auf, trotten weg, und das restliche Rudel folgt ihnen auf dem Fuß.

Wölfe entdecken andere Tiere normalerweise mit dem Geruchssinn. Wenn möglich, versuchen die Wölfe ihre Beute im Laufen zu erlegen. Englische Sprichworte sagen, daß der Wolf von seinen Füßen lebt und den Hirsch das Laufen lehrt, was durchaus zutreffend ist. Die Methode der Hetzjagd hat mehrere Vorteile für Säuger, die von der Evolution speziell dafür ausgestattet wurden. Weil die Wölfe Langstreckenläufer sind, ist ihre Ausdauer besser als die ihrer Beutetiere. Bei einer langen Hatz ermüden die Opfer vor den Jägern. Dazu kommt, daß ein flüchtendes Tier viel verwundbarer ist und selbst viel weniger einen Wolf verletzen kann als ein Tier, das gestellt wurde und sich zur Wehr setzt.

Größere Beutetiere, die stehenbleiben und sich verteidigen, wenn sie von einem Wolfsrudel angegriffen werden, haben große Überlebenschancen. Man weiß, daß Elche, Hirsche, Karibus und sogar Bergschafe Wölfe abwehren konnten, indem sie nicht wegliefen, sondern selbst ein aggressives Verhalten zeigten. Unter solchen Bedingungen wagen die Wölfe normalerweise nicht als erste einen Angriff. Das Rudel umkreist das Tier, doch die Jäger halten genügend Abstand ein, um einem plötzlichen Ausfall des Beutetiers ausweichen zu können. Bergschafe beispielsweise können ungeheure Stöße mit ihrem Kopf austeilen, und sie sind äußerst gewandt: Sie stellen sich auf die Hinterbeine und ändern blitzschnell die Angriffsrichtung.

Gestellt, können sich Hirsche mit ihren spitzen Vorderhufen verteidigen. Sie schlagen nach Angreifern aus und richten sich dabei auf ihren Hinterläufen auf. Wenn ein solcher Schlag trifft, kann er einen Wolf oder einen anderen Räuber töten. Wenn ein Wolf sich von hinten einem Elch oder einem Hirsch nähert, während andere Wölfe ihn von vorn angreifen, so schlägt das Beutetier mit seinen großen Hinterhufen aus. Auch dadurch kann ein Wolf schwer verletzt oder

Der Biber frißt oft am Ufer, wo er Angriffen von Wölfen wenig entgegenzusetzen hat.
© Thomas Kitchin

*Ein einsamer Wolf wird
vom Geruch eines
Biberbaus angezogen.
Die Bewohner jedoch
sind hinter Ästen und
Schlamm im Innern des
Baus gut geschützt.*
© Thomas Kitchin

getötet werden. Die Augen von Beutetieren wie Hirschen und Elchen befinden sich so weit seitlich am Kopf, daß sie fast eine Rundumsicht haben und auch sehr gut nach hinten sehen, was ihnen bei der Verteidigung nach rückwärts sehr hilft. Die Augen der Jäger liegen jedoch näher beisammen in der Nasengegend und blicken eher nach vorn. Aus diesem Grund muß sich ein Wolf drehen, wenn er nach hinten sehen will, während ein Hirsch auch ohne Drehen des Kopfes erkennt, was in seinem Rücken geschieht.

Ein Wolfsrudel lagert oft um ein Beutetier, das dasteht, um sich zu verteidigen. Gelegentlich stehen ein oder beide Leittiere auf, prüfen die Verteidigungsbereitschaft ihres Beutetiers und ziehen sich zurück, wenn es nicht wegläuft, sondern Zeichen von Aggression zeigt. Versucht das bedrohte Tier sich davonzustehlen, so schneiden andere Mitglieder des Rudels ihm den Weg ab. Doch wenn das Tier ausharrt und nicht panisch die Flucht ergreift, wird das Rudel früher oder später aufgeben und sich auf die Suche nach einer leichteren Beute machen.

Auf diese Art können sich auch kleinere Beutetiere verteidigen, wie ich an einem Sommermorgen des Jahres 1965 in Ontario erlebte. Ich saß ruhig da und beobachtete aus einer Entfernung von etwa 25 Metern, wie ein großes Waschbärmännchen eine Fichte herabkletterte und von einem saftigen, fußballgroßen Bovist zu fressen begann. Der Waschbär war mit seinem Mahl voll beschäftigt, und ich war ganz von der Beobachtung in Anspruch genommen. Keiner von uns beiden hörte, daß sich zwei Wölfe näherten, Jährlinge, die im Frühjahr zuvor auf die Welt gekommen waren und die nun wahrscheinlich 25 bis 27 Kilogramm wogen. Der Waschbär bemerkte die Wölfe, bevor sie in mein Gesichtsfeld kamen. Durch sein Verhalten bemerkte ich, daß ihn irgend etwas erschreckt hatte, denn er ließ von dem Bovist ab und lief zurück zur Fichte. Doch bevor er hinaufklettern konnte, stürzten sich die Wölfe auf ihn.

Im Nu drehte der Waschbär sich um, knurrte wütend und zeigte seine furcht-

Wenn sich die Wölfe sattgefressen haben, verstecken sie wie Haushunde gelegentlich Fleischstücke oder Knochen, um sie später zu fressen.
© Peter McLeod / First Light

einflößenden Zähne. Gleichzeitig stellte er sich mit dem Rücken zum Baumstamm und blieb stehen. Obwohl die jungen Wölfe mehrere Male versuchten, den Waschbär anzugreifen, blieb er an Ort und Stelle stehen, knurrte weiter und bedrohte die Wölfe mit seinen Zähnen. Sein Knurren war derart laut und wütend, wie man es von einem so kleinen Tier nicht erwartet hätte. Die Wölfe belagerten den Waschbär ungefähr sechs Minuten lang, doch dann verloren sie ihr Interesse und liefen fort. Der Waschbär entspannte sich sofort, hörte mit dem Knurren auf und wandte sich wieder seiner Bovistmahlzeit zu. Drei Minuten später war er mit dem Essen fertig und kletterte zurück auf den Baum.

»Wird der Waschbär fliehen, wenn ich aufstehe und auf ihn zugehe?« fragte ich mich. Augenblicke später bekam ich die Antwort. Der Waschbär befand sich bereits ungefähr drei Meter hoch über dem Boden, als ich aufstand und zu ihm hinging. Er schlug mit seinem Schwanz, machte sich selbst naß und schoß am Baumstamm nach oben. Erst in ungefähr zehn Metern Höhe über meinem Kopf hielt er inne. Diese Beobachtung war doch sehr interessant: Als das Tier auf dem Boden von den Wölfen überrascht wurde, war es sofort aggressiv geworden. Doch als die Überraschung in einem Augenblick geschah, da es sich ohnehin außerhalb meiner Reichweite befand, reagierte es ängstlich. In der ersten Situation hatte der Waschbär keinerlei Chance mehr zu entkommen. In der zweiten Situation befand er sich schon in Sicherheit und konnte seinem Fluchtinstinkt freien Lauf lassen, was zuvor die Notwendigkeit der letzten Selbstverteidigung nicht zugelassen hatte.

Dieser Wolf hat eine Wildgans erbeutet. Einzeln lebende Wölfe müssen mit kleineren Beutetieren vorliebnehmen, da es ihnen allein nicht gelingt, größere Tiere zu erlegen.
© Thomas Kitchin

DER MENÜPLAN DES WOLFES

Wölfe werden oft als bösartige, gefräßige Killer bezeichnet, die sich überfressen, bis sie in einen Zustand der Lethargie verfallen. Nichts liegt der Wahrheit ferner! Natürlich fressen diese Jäger Fleisch und auch große Mengen davon. Und

Zufriedenes Heulen nach einem ausgiebigen Mahl.
© Thomas Kitchin

obwohl sie große Mengen verschlingen, wenn sie einige Tage oder, wie es öfter vorkommt, sogar eine ganze Woche gehungert haben, so überfressen sie sich doch niemals. Die Nahrungsaufnahme wird vom Hungerzentrum im Gehirn in Zusammenwirken mit der Leber geregelt, die überschüssige Glukose in Form von Glykogen speichert. Ist die Leber voller Glykogen, so wird über das Gehirn das Hungergefühl deaktiviert, und der Wolf frißt nichts mehr. Nach einer gewissen Zeit ohne Nahrungsaufnahme entläßt die Leber Glykogen in Form von Glukose ins Blut. So wird, wenn die Vorräte zur Neige gehen, das Hungerzentrum aktiviert.

Das Verdauungssystem des Wolfes ist so effektiv, daß es im Normalfall jedes aufgenommene Protein verwertet. Deswegen enthält der Kot der Wölfe besonders zwischen Herbst und Sommer gar keine oder nur sehr wenige unverdaute Reste. Die Losung hat einen Durchmesser von 2,5 Zentimetern und ist 7 bis 10 Zentimeter lang und normalerweise grau oder weiß gefärbt. Sie enthält Knochen- und Haarreste, die von Schleim zusammengehalten werden. Wenn diese Losung aufbricht, scheint das Innere gelblich und körnig. Selbst frisch abgesetzter Kot verströmt für die menschliche Nase kaum einen Geruch. Andere Wölfe können ihn aber freilich wahrnehmen. Übrigens sollte man Wolfslosung nicht in direktem Kontakt untersuchen, weil sie die Eier von Parasiten enthalten kann, die auch den Menschen befallen.

Obwohl Wölfe ohne Fleisch nicht überleben können, fressen sie wie andere Raubtiere gelegentlich pflanzliche Nahrung, besonders zarte Gräser und Kräuter, und im Frühjahr nagen sie an der Rinde junger Bäume. Manchmal fressen sie auch Früchte, und einmal beobachtete ich einen Wolf, der sich an zahlreichen Pilzen gütlich tat. Doch ihre Hauptnahrung besteht aus dem Fleisch großer Beutetiere.

In Nordamerika sind die wichtigsten Beutetiere des Wolfes der Bison (heute nur noch im *Wood Buffalo National Park*, der teils in den Nordwestgebieten, teils im nördlichen Alberta liegt), der Elch, das Rentier oder Karibu, verschiedene Hirsche, Wildziegen und Wildschafe. Wölfe machen außerdem Jagd auf Biber, Stachelschweine, Hasen, Kaninchen, Schlangen sowie auf Vögel wie Rauhfußhühner, Enten und Gänse. Welpen, aber ebenso erwachsene Tiere halten Ausschau nach kleinen Imbissen, etwa Mäusen. Tatsächlich machen Wölfe Jagd auf jede Art von Beutetier, die in ihrem alles in allem weltweiten Verbreitungsgebiet jeweils vorkommt. Wenn keine natürlichen Beutetiere vorhanden sind, greifen sie auf Haustiere zurück, was freilich die Farmer auf den Plan ruft und dazu bewegt, die Ausrottung der Wölfe zu fordern.

Obwohl die Wölfe gelegentlich ein Beutetier in seinen besten Jahren töten, handelt es sich bei den meisten erlegten Tieren um alte, schwache oder junge Exemplare. Ein Sprichwort sagt, daß jedermann ißt, wenn der Wolf ißt, und tatsächlich nutzen zahlreiche kleinere Tiere die Überreste der Wolfsmahlzeit. Zu ihnen gehören der Järv, der Luchs, der Rotluchs, der Mink, ferner Wiesel und Marder, Hasen, Stachelschweine, Hörnchen, Mäuse und Spitzmäuse und die allgegenwärtigen Kolkraben, die scheinbar überall ein besonders enges Verhältnis zu Wölfen entwickelt haben.

Gelegentlich führen die Kolkraben die Wölfe zu einem alternden oder kranken Ren, Elch oder Hirsch, indem sie über ihm kreisen und mit rauher Stimme krächzen, bis die Wölfe sie bemerken, sich anpirschen und das Tier erlegen.

Kolkraben halten sich gern in der Nähe von Wolfsrudeln auf und fressen von den Resten von deren Beute. Nur selten versuchen junge Wölfe, einen der großen Vögel zu erhaschen.
© Henry Ausloos / NHPA

Einige Forscher vertreten die Ansicht, die Kolkraben leisteten den Wölfen absichtlich Pfadfinderdienste. Doch mir scheint es eher, daß die großen schwarzen Vögel zuerst an sich selbst denken und so lange in der Nähe eines kranken Tieres bleiben, bis es stirbt, um dann gleich zur Stelle zu sein.

Man darf sich keinesfalls der Illusion hingeben, daß Wölfe gut und regelmäßig zu fressen hätten. Wie bei allen Räubern wechseln auch bei ihnen Zeiten des Überflusses mit Hungersnöten ab. Daten über die Jagd der Wölfe in Nordamerika zeigen, daß die Erfolgsrate nur zwischen sieben und zehn Prozent liegt.

Um sich zu ernähren, müssen die Wölfe weite Strecken zurücklegen, und sie leiden oft Hunger. Deshalb sind die beiden Leittiere die ersten, die nach einer erfolgreichen Jagd fressen. Dieses Vorrecht genießen sie nicht aufgrund größerer Gefräßigkeit, sondern es resultiert aus einem ererbten Verhalten. Die Leittiere sind für das Wohlergehen des gesamten Rudels verantwortlich. Sie sind am aktivsten, wagen am meisten und beginnen im allgemeinen den Angriff. Nach einer gewissen Zeit dürfen auch die Betatiere zum Mahl erscheinen, und anschließend – stets gemäß der Rangordnung – fressen nach und nach auch die übrigen Wölfe. Bei großen Beutetieren, zum Beispiel Elchen oder Karibus, ist im allgemeinen mehr als genug Futter für alle Mitglieder des Rudels da. Doch ist das erlegte Tier nur klein, so müssen sich einige rangniedrige Wölfe bis zur nächsten Jagd mit den Überresten begnügen. In der Zwischenzeit versuchen sie ihren Hunger mit kleinen Beutetieren zu stillen, etwa mit Hasen und Mäusen. Da sie bereits hungrig auf die Jagd gehen, müssen sie noch mehr Fehlschläge hinnehmen, bevor sie ein kleines Tier erbeuten können. So ist ihr Nahrungserwerb oft harte Arbeit.

Unter den Feinden des Wolfes bleibt der Mensch ohne Zweifel der ärgste. Gelegentlich erbeuten Bären Wolfswelpen, doch fallen diese Angriffe zahlenmäßig kaum ins Gewicht. Abgesehen vom Menschen sind Krankheiten die größte Gefahr für Wölfe.

KAPITEL 4
DAS FAMILIENLEBEN

OBWOHL DER MENSCH IN DEN VERGANGENEN JAHRTAUSENDEN VERSUCHT HAT,
sich von den Wurzeln seiner natürlichen Abstammung zu entfernen, unterscheiden sich doch seine Werbung und die darauffolgende Partnerschaft auch
heute nicht allzu stark von den Geschehnissen, die sich bei der Gründung eines
neuen Wolfsrudels ereignen: Ein Wolfsmännchen, das einsam auf der Suche
nach einer Partnerin umherzieht, trifft auf ein Weibchen, das sich ebenfalls zur
Partnersuche von seinem Rudel entfernt hat. Die Geschichte kennen wir: Junge
trifft Mädchen, sie mögen sich, machen sich den Hof, heiraten und ziehen
schließlich Kinder groß.

In der Welt der Wölfe kommt es ausschließlich während der sogenannten
Ranzzeit zu solchen Begegnungen. Die beiden zukünftigen Partner nehmen
sich über verhältnismäßig weite Entfernung mit dem Geruchssinn wahr oder
treffen sich durch Zufall. In den meisten Fällen jedoch hält ein Wolf auf seiner
Wanderschaft inne und teilt durch einsames Heulen seinen Aufenthaltsort mit.

Wenn das Heulen beantwortet wird, gehen die beiden Tiere, die einen Kilometer und weiter voneinander entfernt sein können, aufeinander zu. Dabei
legen sie Pausen ein, in denen sie immer wieder heulen. Wird das Heulen eines
Tiers von einem Artgenossen gleichen Geschlechts beantwortet, so erkennen
die beiden das erst, wenn sie in geringerer Entfernung schließlich den Geruch
des anderen wahrnehmen. In diesem Fall ist ein Zusammentreffen weniger

*Nach der Paarung
bleiben die Partner
einander zugetan.*
© Wm. Munoz

80

wahrscheinlich, obwohl ich aus Feldbeobachtungen weiß, daß auch einsame Wölfe gleichen Geschlechts gelegentlich ihre Kräfte vereinen. *Canis lupus* ist schließlich ein zutiefst soziales Tier, das nicht gern allein lebt.

Wie auch immer ein Treffen eines Wolfs und einer Wölfin zustande gekommen ist, stets folgt auf die erste Kontaktaufnahme eine Zeit der aktiven Werbung, sofern die zwei sich wenigstens halbwegs sympathisch sind.

Zunächst nähern sich die beiden einander, indem sie mit den Schwänzen wedeln und den Rumpf schlängelnd hin und her bewegen. Dabei stoßen sie kurze wimmernde und aufgeregte schnappende Laute aus. Der Mund steht offen, und die Zunge schnellt vor und zurück. Die Lippen werden zum Wolfslächeln zurückgezogen, und die Nasenlöcher bewegen sich zuckend, während man den Geruch des anderen wahrnimmt. Dann berühren sich die Tiere an der Nase, oder sie lecken sich gegenseitig im Mund. Wenn die Hormone das Interesse des Weibchens verraten, wird das Männchen wahrscheinlich unverzüglich zur Begattung schreiten, obwohl es in diesem Stadium, von der Fortpflanzungsfähigkeit her gesehen, noch nicht dazu bereit ist, denn Männchen wie Weibchen sind nur einmal im Jahr fruchtbar. Mit Ausnahme der Fortpflanzungszeit sind die Hoden des Männchens sehr klein. Erst wenn das Hormonsystem durch den Duft eines fortpflanzungsbereiten Weibchens stimuliert wird, schwellen die Hoden an und erreichen nach einiger Zeit die dreifache Größe.

Verfrühte Avancen des Männchens lehnt das Weibchen unter lautem Protest ab. Es riecht den noch verhältnismäßig niedrigen Testosteronspiegel und spürt, daß das Männchen noch gar nicht bereit ist. Auch das Weibchen selbst ist erst dann empfängnisbereit, wenn es in voller Hitze steht und Blut absondert. Dann durchstreifen die beiden zunächst noch einige Tage oder sogar mehrere Wochen lang gemeinsam das Gebiet und machen Jagd auf kleine Beutetiere. Sie halten oft inne, um zu spielen. Sie jagen hintereinander her, werfen im Spiel Holzstöcke oder Knochen in die Luft und springen hoch, um sie zu fangen.

Zärtlichkeiten, wie sie bei Paaren, die sich den Hof machen, oft vorkommen.
© Erwin und Peggy Bauer

*Dem Alphapaar des
Rudels nähert sich
während der Ranzzeit
ein Betarüde.*
© Karen Hollett

Unter Spielen, Jagen, Fressen und Ruhen wandert das Paar auf der Suche nach einem Territorium umher, das noch nicht von einem anderen Wolfsrudel besetzt ist. Durch ihren außerordentlichen Geruchs- und Gehörsinn merken die beiden, wenn sie in das Territorium eines bereits etablierten und mit ihnen nicht verwandten Rudels eindringen. Wenn das der Fall ist, schlagen sie eine andere Richtung ein.

Im hohen Norden findet die Paarung Ende März oder Anfang April statt. In weiter südlichen Gebieten paaren sich die Wölfe Anfang Februar oder noch früher. Im Zentrum des Verbreitungsgebietes, in Zentralkanada und den nördlichen Teilen der Vereinigten Staaten sowie in den entsprechenden Breiten Eurasiens, findet die Paarung im allgemeinen zwischen Ende Februar und Mitte März statt. In der Regel werden Wölfe erst im zweiten Lebensjahr geschlechtsreif. Man weiß aber, daß gelegentlich auch Jährlingswölfinnen paarungsbereit und fortpflanzungsfähig sind und sich dann mit einem älteren Männchen paaren.

In einem wohlgeordneten Rudel mit mehr als zwei Wölfen paaren sich im allgemeinen nur die Leittiere. Wenn ein rangniedriges Weibchen erkennen läßt, daß es empfängnisbereit ist, so unterdrückt das Alphaweibchen diesen Impuls durch – man könnte sagen – psychologische Einschüchterung. Es kann sein, daß diese beim untergeordneten Weibchen zu einer Unterbrechung des Ranzzyklus durch eine übergroße Adrenalinabgabe führt. Möglicherweise wird aber das Tier so sehr eingeschüchtert, daß es trotz seiner Empfängnisbereitschaft gar nicht erst versucht, die Aufmerksamkeit eines rangniederen Männchens zu erregen. Rangniedere Männchen werden ihrerseits von Alphamännchen daran gehindert, auf die Werbung eines Weibchens einzugehen. Diese Verhaltensweisen begrenzen die Geburtenzahl, damit die Größe des Rudels im Gleichgewicht mit dem Nahrungsangebot bleibt.

Es kommt gelegentlich vor, daß ein rangniederer Wolf, gleich welchen Geschlechts, so sehr zur Paarung drängt, daß er sich von den Alphatieren nicht einschüchtern läßt. Um schließlich der anhaltenden Bevormundung zu entgehen, verläßt das Tier das Rudel in der Hoffnung, einen Partner des anderen Geschlechts zu finden. Solange der einsame Wolf auf keinen Partner trifft, bleibt er über den Geruchs- und Gehörsinn mit dem Rudel in Verbindung. Oft folgt er dem Rudel und frißt die Reste von dessen Mahlzeit. Am Ende der Ranzzeit kehrt der einsame Wolf, wenn er keinen Partner gefunden hat, sehr wahrscheinlich zum Rudel zurück. Der Ausreißer wird dann von den Leittieren und dem restlichen Rudel zunächst auf eine ritualisierte Weise gepiesackt. Dabei fließt kein Blut. Dem Wanderer werden lediglich die Familienbindungen und sein Rang in der Hierarchie erneut vor Augen geführt.

Die körperliche Verbindung bei der Samenübertragung vom Wolf zur Wölfin ist nicht so fest wie die bei Hunden. Hunderüden haben oft Schwierigkeiten, sich vom Weibchen zu lösen, bevor sie all ihren Samen übertragen haben. Beim Wolf weiß man durch Beobachtungen, daß diese Verbindung schwächer

»Die Wölfe graben unterirdische Höhlen, in denen sie ihre Jungen zur Welt bringen. Und obwohl man annehmen könnte, daß sie in dieser Zeit besonders wild sind, habe ich doch häufig Indianer beobachtet, die zu den Höhlen gingen, die Welpen herausnahmen und mit ihnen spielten. Ich habe nie gehört, daß ein Indianer ein solches Tier verletzte. Im Gegenteil: Sie setzen sie wieder vorsichtig in ihren Bau zurück.«

SAMUEL HEARNE, ENGLISCHER FORSCHUNGSREISENDER UND PELZHÄNDLER. *A JOURNEY FROM PRINCE OF WALES'S FORT IN HUDSON'S BAY TO THE NORTHERN OCEAN*, 1769 – 1772

ist. Dies erlaubt dem Paar, sich bei einer drohenden Gefahr während der Begattung sofort zu trennen.

Nach der Paarung konzentrieren sich die Wölfe auf die Suche nach einem Territorium mit ausreichend Beutetieren, sofern sie ihr Revier nicht schon zuvor abgesteckt haben. Geeignet sind von offenem Gelände durchzogene waldreiche Landschaften, in denen sich auch Flüsse, Seen oder Weiher befinden. Im Idealfall besitzt das Territorium auch eine höher gelegene Stelle, an der die Wölfe ihren Bau anlegen können und die einen guten Überblick über die Umgebung bietet.

Sobald das Paar ein geeignetes Territorium gefunden hat, beginnt das Weibchen, den unterirdischen Bau für die Geburt und Aufzucht der Welpen zu graben. Wenn der Boden zu hart ist, muß das Weibchen mit einer Höhle oder einer anderen Vertiefung zwischen Felsen vorliebnehmen. Wenn auch ein solcher Unterschlupf nicht vorhanden ist, sucht das Weibchen den Schutz eines dichten Gehölzes aus Weißdorn, Erle oder Weide auf.

Der eigentliche Bau oder Wurfkessel liegt am Ende eines Tunnels, der zehn Meter lang sein kann. Es können auch zwei Eingänge vorhanden sein. Der Tunnel führt möglichst gerade zur Höhle und schlägt nur Kurven, wenn Felsen im Weg stehen.

Das Graben des Tunnels ist eine mühsame Arbeit. Das Weibchen verwendet dabei die Vorderpfoten. Die losgelöste Erde muß es zwischen seinen Läufen hindurch nach hinten werfen, wo die Hinterläufe für die Weiterbeförderung sorgen. Mit zunehmender Länge des Tunnels muß das Weibchen den Erdhaufen immer weiter im Rückwärtsgang zum Ausgang befördern. Hier wirft es die Erde mit den Hinterläufen aus. Dann kehrt die werdende Mutter in den Tunnel zurück, gräbt wieder mit ihren Vorderpfoten Erdreich los und so fort. Gelegentlich stößt sie auf Wurzeln. Kleinere läßt sie im Tunnel hängen, doch größere müssen abgebissen werden.

Ein in Gefangenschaft gehaltenes Wolfsweibchen am Eingang seines Baus.
© Denver A. Bryan

In den Hinterläufen mit ihren starken Muskeln besitzen Wölfe eine enorme Kraft. Ich kann das nur bestätigen, denn ich wurde einmal unerwartet von einer solchen Grabbewegung getroffen. Wenn man im Abstand von zwei bis drei Metern vor dem Höhleneingang steht, während der Wolf im Innern arbeitet und Erde hinauswirft, fliegen einem mit gewaltiger Wucht Erdreich und kleinere Steine um die Ohren.

Was treibt den Wolf dazu, so hart zu arbeiten und einen langen Tunnel zu graben, wenn es ein kurzer ebenso täte? Die Antwort auf diese Frage liegt darin, daß Wölfe zutiefst vorsichtige Tiere sind. In lockerem Erdreich gräbt das Weibchen so tief, bis keine Geräusche mehr von außen zu hören sind. Dadurch werden später auch die Geräusche der Welpen kaum bis zum Höhleneingang dringen. Der eigentliche Wurfkessel ist eine runde, flache Höhlung im blanken Erdreich, die nicht mit Haaren oder anderem weichen Material ausgepolstert wird. Er liegt normalerweise etwas höher als der Tunneleingang, damit ein Überfluten bei Regen ausgeschlossen ist.

Es mag ein Zufall sein, doch das Fehlen von Nistmaterial hat den Vorteil, daß weder die Mutter noch die Welpen von Flöhen befallen werden. Diese Insekten begeben sich nur zum Blutsaugen auf ihre Wirte. Wenn sie voll sind, lassen sie sich in das Nistmaterial fallen und legen dort ihre Eier ab. Ausgepolsterte Höhlen enthalten immer genügend Nahrung für die ausgeschlüpften Flohlarven. Die Wolfshöhle macht in dieser Beziehung eine Ausnahme. Sie wird nicht ausgekleidet, und die Mutter hält sie sauber, indem sie den Kot der Jungen frißt. Der ammoniakhaltige Urin, der den Boden tränkt, dient als weiteres Abschreckungsmittel. Natürlich sind Wölfe, die in kälteren Klimazonen leben, ohnehin weniger gefährdet, von Flöhen befallen zu werden, da diese Parasiten bei niedrigen Temperaturen in Winterstarre fallen. Jedenfalls sind Wölfe keine bedeutenden Wirte für die Flöhe der Familie *Pulicidae*, obwohl in der wissenschaftlichen Literatur dreißig Floharten als Wolfsparasiten aufgeführt sind. Das mag vor allem für einige südliche Gebiete und für Wölfe gelten, die unter un-hygienischen Bedingungen in Gefangenschaft gehalten werden. Ich habe nie Flöhe auf wildlebenden Wölfen gefunden, die zur Markierung lebend gefangen worden waren. Ich habe auch nie Flöhe auf Wölfen gesehen, die unter artgerechten Bedingungen in Gefangenschaft gehalten wurden. Zu diesen Bedingungen zählen ein bewaldetes Gebiet sowie ein geeigneter Boden zum Bau einer Höhle, damit sich die Tiere auch fortpflanzen können.

Eine Wolfsmutter nimmt einen Welpen auf.
© John und Ann Mahan

WOLFSWELPEN

Nördlich des 45. Breitengrades – allerdings mit klimabedingten Schwankungen – kommen die meisten Wolfswelpen zwischen Ende April und Mitte Mai auf die Welt. Die Tragzeit beträgt 60 bis 63 Tage. Südlich des 45. Breitengrades werden die Welpen zwischen Mitte März und Mitte April geboren. In warmen Gebieten kommen die Welpen normalerweise zwischen Mitte Februar und Mitte März auf die Welt, weil dort die Paarung sehr früh stattfindet. In der ganzen Wolfswelt begleitet man dieses Ereignis mit viel Gewinsel und aufgeregten Tänzen am Höhleneingang durch den Vater und die übrigen Mitglieder des Rudels. Die glücklichen Beobachter, die eine solche Szene miterleben können, haben keine Zweifel, daß das Rudel die Neuankömmlinge feiert.

Neugeborene Welpen haben kurze Beine, ein stumpfes Gesicht, kurze, dünne Schwänze und kleine Ohren, die nach vorn fallen. Mit ihren Merkmalen ähneln sie eher Babybären als kleinen Wölfen.

Die Mutter hat acht Zitzen, je vier zu beiden Seiten des Magens, kann also acht Welpen noch gut säugen. Im Durchschnitt wirft sie fünf bis sieben Junge. Man weiß von Ausnahmefällen, bei denen Wolfsweibchen vierzehn Welpen gebaren. Doch wahrscheinlich stirbt die Hälfte eines derart großen Wurfs an Unterernährung. Überhaupt ist die Welpensterblichkeit hoch, gelegentlich

Erste neugierige Schritte in die Welt. Ein in Gefangenschaft geborener Welpe, etwa 18 Tage alt.
© Peter McLeod / First Light

wegen parasitärer Erkrankungen aber auch wegen Unterernährung, da bereits die kleinen Geschwister miteinander konkurrieren. Die stärksten Welpen drängen die schwächeren ab. Nicht allzu selten gibt es Welpen mit angeborenen Defekten, die natürlich den Konkurrenzkampf auch nicht überleben.

Wenn ein Junges im Bau stirbt, entfernt es die Mutter. Sie trägt es in ein Gebiet außerhalb und vergräbt es dort – ähnlich wie Wölfe gelegentlich ein Stück Fleisch vergraben. Nach meiner Erfahrung wird ein totes Jungtier aber später nicht ausgegraben und gefressen, jedenfalls nicht von den Wölfen. Ich habe zwei solche Welpenbegräbnisse in freier Wildbahn beobachtet, und vor kurzem konnte ein spanisches Filmteam dieses Ereignis sogar aufnehmen. Es folgte der Mutter mit einem mächtigen Teleobjektiv, als sie das bereits in Totenstarre befindliche Junge an eine Stelle etwas entfernt vom Bau forttrug. Dort legte sie den kleinen leblosen Körper auf den Boden, grub ein ziemlich tiefes Loch, legte das Junge hinein und bedeckte es dann sorgfältig mit Erde.

Die Welpen kommen blind zur Welt – ihre Augenlider sehen aus wie verklebt. Die Tiere sind entweder völlig taub oder doch stark schwerhörig, vermutlich weil die kleinen Ohren noch über die Gehörgänge geklappt sind. Der Geruchssinn ist aber bereits entwickelt, und er erlaubt es ihnen, die milchspendenden Zitzen der Mutter zu finden. Sie suchen danach, sobald sie von der Geburtsflüssigkeit trockengeleckt sind. Die Mutter schubst das Junge dann mit der Nase in die Gegend ihres Magens.

Wir können nur spekulieren, warum die Wolfswelpen blind und schwerhörig auf die Welt kommen. Meiner Ansicht nach gewähren diese scheinbaren Mängel aber Ruhe und erleichtern vielleicht auch, daß sich als erstes der Geruch der Familie den Neugeborenen tief einprägt. Dadurch entstehen starke, dauerhafte Bindungen, die unter allen Umständen wiedererkannt werden. Ohne Gesichts- und Gehörsinn können sich die neugeborenen Wölfe auch besser auf die Nahrung konzentrieren.

Grauwolfwelpen im Wurfkessel.
© Scott Leslie / First Light

Die Augenlider der Welpen öffnen sich normalerweise nach zehn bis dreizehn Tagen. Ungefähr zur selben Zeit strecken sich die Ohren und beginnen, Geräusche zu registrieren.

Die Augen der Welpen sind zunächst blau. Doch von der sechsten oder siebten Woche an verändern sie ihre Farbe von außen nach innen zur dunklen Iris hin. In den meisten Fällen wird die Sklera oder Lederhaut, die die Iris umgibt, schließlich bernsteinfarben. Bei einigen Wölfen jedoch ist dieses Bernstein ziemlich hell, während bei anderen die Lederhaut eher kastanienbraun ausfällt; dann ist die Iris dunkelbraun.

Das Fell ist bei der Geburt kurz und feinwollig und üblicherweise schieferblau, obwohl einige Welpen mit einem dunkelbraunen Fell auf die Welt kommen. Das Geburtsgewicht schwankt je nach Unterart zwischen 340 und 450 Gramm, die Körperlänge zwischen 25 und 33 Zentimetern.

Die Milch der Wolfsmutter ist so nährstoffreich, daß die gesunden Welpen schnell heranwachsen. Ungefähr eine Woche nach dem Öffnen der Augen beginnen sie ihren Bau zu erforschen. Wenn sie sich aber in diesem Stadium zu weit entfernen, trägt die Mutter sie noch zurück. Sie gehen aber immer wieder auf Suche, und ungefähr vier Wochen nach der Geburt erforschen sie den Tunnel. Auf wackligen Beinen gehen sie ihn entlang und fallen gelegentlich um, bis sie schließlich zum Eingang gelangen. Dort halten sie etwas ängstlich inne. Kurzsichtig schauen sie auf die Außenwelt und blinzeln, bis sich ihre Augen an das Tageslicht gewöhnt haben. Die anfängliche Nervosität dauert nicht lange, und bald finden sie den Mut, die nähere Umgebung zu erforschen.

In diesem frühen Stadium wacht normalerweise die Mutter über die Welpen. Geht sie jedoch mit anderen Mitgliedern des Rudels auf Jagd, so springt ein Verwandter als Babysitter für sie ein. Diese Aufgabe übernimmt meistens eine »Tante« oder ein anderes zwei- oder dreijähriges Weibchen. Wolfbabysitter können bei Bedarf Milch produzieren und damit zeitweilig die Rolle der Mut-

*Vier bis sieben Welpen
hat ein Wurf beim
Rotwolf.*
© Wm. Munoz

*Europäische Wolfswelpen
im Alter von zwei
Monaten.*
© E. A. James / NHPA

ter recht gut übernehmen. Wird die Mutter getötet oder stirbt sie an einer Krankheit, so sorgt ihre Stellvertreterin weiter für die Jungen, wobei ihr von Zeit zu Zeit ein weiteres weibliches Rudelmitglied hilft. Tatsächlich sind alle Wölfe buchstäblich vernarrt in die Welpen des Rudels. Die Männchen sind äußerst besorgte Väter, und ein Vater wurde sogar dabei beobachtet, wie er nach dem Tod der Mutter die Welpen zu säugen versuchte.

Junge Eltern, die ein neues Rudel gründen, haben mit Schwierigkeiten zu kämpfen, die es für ein etabliertes Rudel nicht mehr gibt. Wenn das Weibchen gegen Ende der Tragzeit schwerer wird, verbringt es seine Zeit im Innern des Baus. Das Männchen muß dann für sich und die trächtige Wölfin jagen. Obwohl auch einsame Wölfe geschickte Jäger sind, können sie keine Beutetiere erlegen, die größer sind als ein Hirsch. Meistens müssen sie mit kleineren Säugern vorliebnehmen. Ein einzelner Wolf hat wenig Probleme, sich auf diese Weise zu ernähren. Doch wenn er für sich selbst und für sein trächtiges Weibchen jagen muß, ist er fast unterbrochen beschäftigt. Nach der Geburt der Welpen braucht die Mutter nochmals erheblich mehr Nahrung, um ihre Jungen ausreichend säugen zu können. Und wenn die Welpen anfangen, Fleisch zu fressen, hat das Männchen noch mehr zu tun. Dieser Zustand hält so lange an, bis die Welpen so alt sind, daß man sie alleine lassen kann. Dann gehen wieder beide Eltern auf die Jagd.

Wolfswelpen wachsen schnell heran, was auch sehr wichtig ist, denn bis zum Herbst müssen sie bei der Jagd im Rudel mithalten können.

Acht Wochen nach der Geburt wiegen die Welpen ungefähr sieben Kilogramm, wobei die Männchen in der Regel etwa 20 Prozent schwerer sind als die Weibchen. In diesem Alter ist das Milchgebiß voll entwickelt; die Eckzähne sind verhältnismäßig lang, leicht gekrümmt und vorne nadelspitz. Die noch kleinen Schneidezähne sind ebenfalls scharf. Die Welpen benutzen sie, um wie mit einem Stemmeisen Fleischstücke abzulösen. Die Backenzähne sind etwa halb so groß wie die des Dauergebisses, das sich im Alter von fünf oder sechs Monaten entwickelt. Schon die ersten Backenzähne sind gezackt und kräftig, damit die Jungtiere kleine Knochen aufbrechen und größere Fleischstücke abreißen können.

Wolfswelpen beginnen im Alter von ungefähr vier Wochen an Fleisch und Knochen zu knabbern. Während des zweiten Lebensmonats entwöhnen sie sich aus eigenem Antrieb und fressen dann das Fleisch, das ihre Eltern und andere erwachsene Tiere nach Hause bringen. Bei Ankunft des Rudels sind die Welpen immer sehr aufgeregt. Unter Winseln und kräftigem Schwanzwedeln bedrängen sie ihren Vater und andere Rudelmitglieder, die beim Füttern helfen.

Nähert sich ein erwachsenes Tier mit Futter, so springen die Jungen an ihm hoch und zwicken es in die Wangen, denn dieses Verhalten bewirkt, daß die Großen Futter erbrechen. Dabei öffnen sie weit das Maul und würgen unverdautes Fleisch nach oben. Doch noch bevor diese Aktion richtig in Gang gekommen ist, stecken schon die ersten Welpen ihre Köpfe in den zahnbewehrten Rachen der erwachsenen Tiere und beginnen zu schnappen, sobald das Fleisch

*Im Alter von zehn
Wochen werden die
Welpen aus dem Bau an
einen Ort gebracht, der
sich zum Spielen besser
eignet.*
© Erwin und Peggy Bauer

in der Kehle erscheint. Natürlich wetteifert jeder junge Wolf mit seinen Geschwistern darum, als erster an der Futterquelle zu sein. Gelegentlich kommt es zu Raufereien, doch nur selten fügen sich die Jungen blutige Verletzungen zu.

Zur selben Zeit tragen andere Mitglieder des Rudels Teile der erlegten Beute im Maul heran und bringen sie der Mutter oder, falls die Mutter selbst auf der Jagd war, ihrer Stellvertreterin. Beutestücke, die keine harten Teile enthalten, würgen die Jäger auch für die Welpenwächterin aus dem Magen hoch, während sie Stücke mit Knochen im Maul herantragen. Ein Teil der Knochen bleibt den Welpen, um daran herumzunagen.

Die Welpen verlassen im Alter zwischen acht und zehn Wochen den Bau, der im nächsten Jahr wieder benutzt werden kann oder auch nicht. Die Alttiere bringen die Welpen nun an einen Ort, den sie mit großer Sorgfalt ausgewählt haben. Man könnte ihn einen »Welpenhort« nennen. Er weist einige besondere Merkmale auf. Er besteht aus einem mehr oder weniger offenen Gelände, das von Bäumen umgeben ist und nicht allzuweit entfernt von einer Wasserstelle liegt. Das offene Gebiet ist immer teilweise von Büschen bedeckt, und so können die Jungen herumtollen, spielen und ihre Jägernatur trainieren, indem sie Mäuse fangen. Der benachbarte Wald hingegen erlaubt es den Jungen und dem ganzen Rudel, sich bei Störungen im Gehölz zu verstecken.

Im Welpenhort werden die Welpen von allen Wölfen oder nur von ihrer Mutter beziehungsweise der Welpenwächterin beaufsichtigt, wenn das übrige Rudel zur Jagd geht. Sie können herumstreunen, die Rangordnung unter sich auskämpfen und das Verhalten der erwachsenen Tiere nachahmen. Gelegentlich erhalten sie auch eine kleine Lektion in Wolfsdisziplin erteilt. Die Mutter oder Wächterin packt einen widerspenstigen kleinen Wolf am Nackenfell und schüttelt ihn kräftig. In der Regel reicht ein einmaliges Schütteln aus, um den Welpen das richtige Benehmen beizubringen.

Die jungen Wölfe lassen die hohe Intelligenz ihrer Art schon unmittelbar

93

nach dem Verlassen des Baus erkennen. Ich selbst konnte bei mehreren Gelegenheiten ein intelligentes Verhalten bei Wolfswelpen beobachten. Zum Beispiel wurde ich einmal Zeuge, als ein drei Monate altes Jungtier einen voraus-
berechneten Plan erfolgreich in die Tat umsetzte. Das geschah im Juli 1967,
während ich mit dem Feldstecher fünf Welpen und zwei erwachsene Tiere an
ihrer sommerlichen Welpentagesstätte beobachtete. Ein Jungtier hatte offensichtlich einen Knochen gefunden oder ausgegraben und nagte längere Zeit
daran herum. Schließlich kam ein Geschwister hinzu und versuchte, ihm den
Knochen wegzunehmen. Der Besitzer legte eine Pfote fest auf den Knochen
und gab trotz seines zarten Alters ein wütendes Knurren von sich. Der Stören-
fried zog sich zurück, setzte sich einige Schritte hinter den Knochenbesitzer
und versuchte nach einigen Minuten erneut, des Knochens habhaft zu werden –
mit ähnlich geringem Erfolg.

Viermal versuchte der Jungwolf, den Knochen zu erbeuten, und jedesmal
wurde er vom Besitzer vertrieben. Dann schien er völlig das Interesse an dem
guten Stück verloren zu haben und begab sich in ein Gebüsch, das ungefähr
sechs Meter von seinem Geschwister entfernt lag. Dort gab der junge Wolf eine
Vorstellung, als sei die schönste Mäusejagd im Gange. Er ging steifbeinig,
sprang in die Höhe, warf sich hart auf die Vorderbeine und tappte mit seinen
Pfoten im Gras und Gesträuch umher. Während der Vorführung behielt er den
Knochenbesitzer im Blick, der seinerseits auf den Mäusejäger aufmerksam zu
werden begann.

Plötzlich tat der Welpe so, als habe er eine Maus gefangen; er setzte sich auf
seine Hinterbeine und bewegte den Kopf, als verzehre er seine Beute. Diese
Versuchung war zu groß für den Knochenbesitzer, der offensichtlich zum Ergebnis gekommen war, ein zarter, frisch gefangener Nager sei besser als ein
ziemlich alter, stinkender Knochen. Er sprang auf die Beine und schoß auf sein
Geschwister zu, das sich scheinbar erschrocken zurückzog. In Wirklichkeit

*Der Ernst des Lebens
beginnt: Im Alter von
zehn Monaten gehen die
jungen Wölfe mit auf
die Jagd.*
© Peter McLeod /
First Light

94

*Ein Jährling beobachtet
ein erwachsenes
Weibchen beim Setzen
von Duftmarken.*
© Peter McLeod /
First Light

schlug der schlaue Wolf einen Bogen, raste zum Knochen, packte ihn und rannte weg. Der andere Jungwolf suchte vergeblich nach einer Maus. Sein Geschwister hatte ein cleveres Täuschungsmanöver angewendet, um ihn von seinem Knochen wegzulocken.

Wenn die Welpen ungefähr drei Monate alt sind, dürfen sie das Rudel bereits manchmal auf einer Jagd begleiten. Sie bilden dann das Schlußlicht des Jagdzuges und werden von einem erwachsenen Tier bewacht. Ob es bei diesen Ausflügen jemals zum Erlegen einer Beute kommt oder ob sie nur der Ausbildung der Jungen dienen, kann ich nicht sagen. Ich habe jedenfalls niemals junge Welpen bei einem erlegten Beutetier gesehen, noch ist in der Literatur ein solcher Fall erwähnt.

Unter der Fürsorge ihrer Eltern und der übrigen Rudelmitglieder wachsen die Welpen schnell heran und werden von Tag zu Tag kräftiger, größer und sicherer. Allmählich nähert sich die Zeit, da sie mit dem restlichen Rudel wirklich auf die Jagd gehen, eine Pflicht, die sie im Alter von ungefähr sechs Monaten mitzutragen haben. Zu diesem Zeitpunkt haben sie ihre Milchzähne verloren und durch das Dauergebiß ersetzt, haben Erfahrungen auf der Mäusejagd im Welpenhort gesammelt, beim Herumbalgen miteinander ihre Geschicklichkeit entwickelt und ihre Muskeln trainiert. Beim gemeinsamen Heulen des Rudels fallen ihre jungen Stimmen nun ein.

Grauwolfwelpen in Alaska vor ihrem Bau.
© Art Wolfe

KAPITEL 5

WOLFSWAISEN

AM MORGEN DES 20. MAI 1984 VERLIESSEN MEINE FRAU SHARON UND ICH Whitehorse, die Hauptstadt der Provinz Yukon, um heimzufahren nach Ontario. Wir waren in tiefer Sorge. Die Gründe dafür steckten in einer Kartonschachtel auf dem Rücksitz: zwei Wolfswelpen im Alter von 23 Tagen. Sie waren in derart schlechter Verfassung, daß wir eigentlich nicht erwarten konnten, sie würden die 5500 Kilometer weite Reise bis zu unserem Haus überstehen.

Einer der Welpen, ein Männchen, war schwarz außer einer kleinen weißen Blesse auf der Brust. Sollte er überleben, so würde sicher auch das Erwachsenenkleid schwarz sein. Das Fell des anderen Welpen, eines Weibchens, bestand aus einer Mischung von Dunkelgrau, Weiß und Braun. Die jungen Wölfe waren etwa gleich groß, kleine Fellbündel, die ungefähr ein Pfund wogen zu einer Zeit, als sie schon mindestens doppelt so schwer hätten sein müssen. Ihr schlechter Zustand war darauf zurückzuführen, daß sie in den letzten zwölf Tagen ausschließlich mit Kuhmilch gefüttert worden waren, viermal am Tag. Um Wolfswelpen gesund aufzuziehen, ist es jedoch erforderlich, ihnen alle vier Stunden eine ausgewogene Babynahrung zu geben.

Infolge der falschen Versorgung litten die Wölfe an einem schweren Durchfall. Ihre kleinen Körper waren abgemagert und ausgetrocknet. Es handelte sich um die letzten Überlebenden eines Wurfs von sechs Welpen und damit eindeutig um die widerstandsfähigsten, denn sonst wären sie wie ihre Geschwister

96

unter Krämpfen an Unterernährung gestorben, bevor sie in unsere Pflege kamen.

Wir hatten die Welpen am Abend zuvor übernommen, doch war es uns nicht gelungen, die richtige Nahrung zu beschaffen, weil die Geschäfte bereits geschlossen hatten. Glücklicherweise hatte uns der junge Mann, der sie aufzuziehen versucht hatte, eine Schnullerflasche mitgegeben. Die einzige Nahrung, die wir im Hotel bekommen konnten, war Magermilch. Sie mußte genügen, bis wir das richtige Futter kaufen konnten. Wir fütterten die kleinen Geschöpfe die Nacht hindurch alle drei statt alle vier Stunden, wobei wir uns gegenseitig abwechselten. Wir glaubten, sie brauchten wegen ihres Zustands und der ungeeigneten Nahrung eine häufigere Fütterung. Die meiste Milch schieden die Tiere aber ebenso schnell wieder aus, wie sie sie zu sich genommen hatten.

Wir waren am Morgen zuvor in Whitehorse angekommen, hatten ein Hotelzimmer genommen und waren bald hinunter zum Mittagessen gegangen. Als wir auf den ersten Gang warteten, diskutierten wir über Wölfe. Wir sprachen über die Dummheit von Regierungen, die aus politischem Opportunismus immer wieder Lobbygruppen nachgeben, die behaupten, Wölfe hätten Wild getötet, das sie als »Sportler« lieber selber töteten, und ich erzählte, daß man weiter die Fabel verbreitete, Wölfe würden Menschen angreifen.

Nach einiger Zeit bemerkte ich, daß ein junger Mann am Nachbartisch unserem Gespräch zuhörte, und ich fragte mich, ob er uns sagen würde, was er über Wölfe dachte. Bevor ich einen Weg fand, ihn anzusprechen, stand er auf und kam an unseren Tisch.

»Entschuldigen Sie«, sagte er. »Ich habe mitbekommen, worüber Sie sprechen. Die Sache ist die: Ich besitze selbst eine Wölfin. Ich habe sie seit drei Jahren. Sie heißt Elsa. Ich hielt sie an einer Leine, und sie wurde von einem wilden Wolf begattet. Ich habe eine Blockhütte außerhalb von Carcross gemietet.«

Ich bat ihn, Platz zu nehmen, und er stellte sich als Pete King vor. Er war

*Ein Wolfsweibchen folgt
seinem Partner auf
einem winterlichen
Pfad.*
© Thomas Kitchin

Bohrspezialist und reiste normalerweise in einem großen Campingbus mit seinem Wolf. Im Dezember hatte Pete vorübergehend keine Arbeit, weshalb er die Blockhütte mietete. Er erklärte uns, er habe Elsa immer bei sich gehabt, während er unterwegs war zu den Bohrplätzen. So hatte sie viel Auslauf, und sie schlief fast immer mit ihm im Anhänger. Doch da er nun wieder Arbeit suchte, sah er sich gezwungen, sie tagsüber an einer langen Kette zu halten, die an der Blockhütte befestigt war, während er selbst die benachbarten Gebiete bereiste, um zu sehen, ob ein erfahrener Bohrspezialist gesucht wurde. Als er sich Mitte Februar zur Jobsuche aufmachte, hatte gerade im Süden Yukons die Ranzzeit der Wölfe begonnen, was er jedoch nicht bemerkt hatte. Elsa hatte ihre Düfte verströmt und offensichtlich ein einsames Wolfsmännchen angezogen. Petes unerfahrenen Augen aber war die Paarung verborgen geblieben, bis Elsa ihm einen Wurf von sechs Welpen bescherte.

Ich war nicht sonderlich überrascht von der Tatsache, daß sich das in Gefangenschaft gehaltene Weibchen mit einem wilden Wolf gepaart hatte. In nördlichen Gebieten, besonders mit fortgeschrittener Urbanisierung, streunen Wölfe gelegentlich um Siedlungen herum. Manchmal töten sie freilaufende Hunde. Einzelne herumstreifende Wolfsmännchen auf der Suche nach einem Weibchen paaren sich mit Husky-Weibchen, wenn diese gerade heiß sind. Ich fand es allerdings seltsam, daß Pete nicht bemerkt hatte, daß seine Wölfin trächtig war.

»Warum merkten Sie nicht früher, daß Elsa trächtig war?« fragte ich ihn und dachte insgeheim, ob er mir wohl die Wahrheit sagen würde.

»Ich wußte nichts. Ich sah zwar, daß sie fetter wurde, doch ich dachte, sie habe nicht mehr genügend Auslauf und Training. Es war wirklich eine Überraschung, als ich eines Morgens in der Blockhütte erwachte und sie am Boden liegen sah mit sechs Welpen an der Brust«, meinte er.

Pete hatte dann begonnen, in Whitehorse jedermann gratis Wolfswelpen anzubieten. Er erklärte mir, er könne zwar mit Elsa allein reisen, doch was sollte

Ein Wolf in Alaska kehrt mit einem Parryziesel im Maul zum Bau zurück, um seine Welpen zu füttern.
© Ron Sanford

er mit sieben Wölfen anfangen? Aber niemand wollte die kleinen Welpen haben.

Acht Tage später war Pete nicht zu Hause. Doch irgend jemand, der offensichtlich Wölfe haßte, war zu seiner Blockhütte gefahren und hatte auf Elsa mit Vogelschrot geschossen. Der Wolf war nicht schwer verwundet, doch die meisten Kugeln hatten die Magengegend getroffen und die Brustdrüsen verletzt. So konnte Elsa ihre Welpen nicht mehr säugen. Pete hatte zwei Wochen lang versucht, die kleinen Wölfe zu füttern, doch ohne Erfolg.

»Nun sind nur noch zwei am Leben. Wollen Sie sie nehmen?« fragte er.

Ich hatte einige Jahre zuvor zwei Wolfswelpen aus Ontario aufgezogen und wußte, welche Verantwortung diese Aufgabe mit sich brachte. Ich starrte ins Leere und schüttelte meinen Kopf. Dann blickte ich zu Sharon, die mich vielsagend ansah.

»Was meinst du?« fragte ich sie.

»Ich glaube, wir sollten uns die überlebenden Welpen ansehen. Und ich meine auch, daß ein Tierarzt Elsa untersuchen sollte«, antwortete sie fest.

Ich war einverstanden. Wir fuhren zu Petes Blockhütte in Carcross und sagten schließlich zu, daß wir die Welpen übernehmen würden.

Als wir die jungen Wölfe an jenem Nachmittag mitnahmen, versicherte uns Pete, er werde Elsa von einem Tierarzt versorgen lassen. Wie wir später aus einem hingekritzelten Schreiben des jungen Mannes erfuhren, erholte sich die Wölfin. Bei der Operation hatte der Arzt die Eierstöcke und die Gebärmutter entfernt, um sicherzustellen, daß Elsa nie wieder trächtig würde.

Nach unserer schlaflosen Nacht mit den Welpen waren Sharon und ich fest entschlossen, alles zu tun, um die Tiere zu retten. Am nächsten Morgen verließ ich um 8.45 Uhr das Hotel, während Sharon versuchte, die hungrigen Welpen zu beruhigen. Ich ging zu einem nahegelegenen Laden und wartete, bis er aufmachte. Eine halbe Stunde später hatte ich eine weitere Schnullerflasche

101

gekauft, mehrere Gummisauger, eine Dose pulverförmige Babynahrung und einen Karton mit einem Getreideprodukt für Kleinkinder. Nachdem ich schon über beträchtliche Erfahrung in der Aufzucht junger Säugetiere verfügte, hatte ich dazu noch je zwei Rollen Küchenkrepp- und Toilettenpapier gekauft, außerdem einen Topf Honig, Glukose, eine Packung Wegwerfwindeln und eine Thermosflasche, die einen Liter faßte. Zu Hause hätte ich normalerweise waschbare Stoffwindeln vorgezogen, doch in dieser Situation waren Wegwerfwindeln nötig, um den Karton sauber zu halten, der den Welpen während der Reise als Bau diente.

Nach meiner Rückkehr ins Hotel mischten wir die Babynahrung mit etwas mehr Wasser, als auf der Gebrauchsanweisung angegeben war, um sicherzugehen, daß die Nahrung für die Welpen nicht zu nährstoffreich war. Wir gaben etwas Reisstärke hinzu, um ihre Därme zu beruhigen, etwas Honig für den Geschmack und etwas Glukose. Glukose verhindert die Entwicklung des grauen Stars – eine Augenerkrankung, die den Tieren drohte, nachdem sie zuvor die glukosefreie Vollmilchnahrung bekommen hatten. Zu dieser Krankheit kommt es nämlich häufig, wenn Welpen von Wolf oder Hund vor der zweiten Lebenswoche ihrer Mutter weggenommen und dann mit einer glukosefreien Diät gefüttert werden.

Um 9.45 Uhr hatten wir die Babynahrung auf Körpertemperatur erwärmt und konnten nun unsere jaulenden kleinen Pfleglinge füttern. Wir gaben zuerst dem Weibchen, da es sich vorgedrängt hatte, als ihm der Futterduft in die Nase gestiegen war. Wir hatten 230 Milliliter Babynahrung vorbereitet, doch ich wollte jedem Welpen nur 100 Milliliter zugestehen, denn dies war ihr erstes richtiges Futter, seit ihre Mutter sie nicht mehr hatte säugen können.

Sharon saß mit gekreuzten Beinen auf dem Boden, den Rücken an das Hotelbett gelehnt, packte den winzigen Welpen und gab ihm die Flasche. Das Weibchen schnüffelte, nahm den Sauger in den Mund und begann lustvoll zu

*Die blauen Augen dieses
fünf Wochen alten
Welpen werden sich bald
bernsteingelb verfärben.*
© Erwin und Peggy Bauer

trinken. 100 Milliliter waren schnell verschwunden. Als Sharon jedoch versuchte, den Sauger aus dem Maul der kleinen Wölfin herauszuziehen, hielt diese mit überraschender Kraft fest. Sie packte die Flasche mit beiden Vorderpfoten und stand hoch aufgerichtet auf ihren Hinterbeinen. Dabei versuchte sie dem verschwindenden Sauger zu folgen.

»Das arme Ding hat Hunger«, klagte Sharon. »Gib ihr noch 30 Milliliter.«

Meine Frau hatte kaum zu Ende gesprochen, da zog schon die kleine Wölfin an ihrer Hand und nahm erneut den Sauger in den Mund. Auch diese 30 Milliliter waren schnell verschwunden. Gegen ihren Widerstand und unter ihrem vernehmlichen Protest nahmen wir die Flasche weg. Ich nahm die Kleine in die Hand und wischte ihr Mund und Gesicht mit einem Papiertuch ab, während Sharon dem Männchen die Flasche gab.

Er schnappte sofort den Sauger und begann zu trinken. Obwohl er nicht so ungestüm war wie seine Schwester, ließ auch er die künstliche Zitze nach 100 Milliliter nicht los und durfte die Flasche austrinken. Dann packte auch er wie seine Schwester den Sauger mit den Vorderpfoten und ließ nicht los, bis nur noch ein paar Milchblasen übrig waren. Beide Welpen begannen nun zu winseln, weil sie mehr Futter wollten. Doch ich blieb bei meinem Nein. Es wäre gefährlich gewesen, ihnen zuviel Nahrung zuzugestehen, denn wenn hungernde Tiere Futter bekommen, fressen sie weit über den Sättigungspunkt hinaus, da sie davon ausgehen, daß sie dann wieder für längere Zeit kein Futter bekommen.

Während Sharon Maul und Gesicht des Männchens abwischte, tauchte ich einen Waschlappen in warmes Wasser und massierte den Enddarm und die Analgegend des Weibchens zur Stimulierung der Därme. Dies hätte auch die Mutter mit ihrer warmen feuchten Zunge getan. Augenblicke später gab die kleine Wölfin übelriechenden flüssigen Kot ab. Nach der Reinigung tauschten wir die Welpen. Sharon hielt nun das Weibchen, und ich massierte das Männchen. Der schwarze Welpe erledigte wie das Weibchen sein Geschäft, und das Ergebnis duftete ebenso.

Später nahm ich eine alte Wolljacke aus meinem Koffer und machte daraus ein warmes Bett in der Kartonschachtel. Darüber legte ich eine ausgebreitete Wegwerfwindel. Die plötzlich schläfrigen Zwillinge kamen nun in den Behälter, und ich verschloß die Schachtel so, daß genügend Luft ein- und austreten konnte.

Wir packten unsere Sachen, ich zahlte die Hotelrechnung und belud den Wagen. Sharon trug die Schachtel mit den Welpen, wir legten sie auf den Rücksitz des Autos und machten uns auf die Rückreise.

WIEDER ZU HAUSE

Als ich über unsere neuen, unerwarteten Verpflichtungen nachdachte, fühlte ich mich hin- und hergerissen. Auf der einen Seite war ich gern bereit, nach Hause zurückzukehren, um die kleinen Waisen möglichst gut zu versorgen; andererseits war ich enttäuscht darüber, daß wir auf unsere Reise nach Alaska verzichten mußten, die wir uns vorgenommen hatten, nachdem wir zwei Wochen auf der Oberen Halbinsel in Michigan mit dem Studium eines gefangenen Wolfsrudels verbracht hatten.

Als wir von Michigan nach Hause zurückgekehrt waren, fand ich neben einem Stoß Briefen, die liegengeblieben waren, auch eine Reihe von Berichten verschiedener kanadischer und amerikanischer Naturschutzgruppen. Die Berichte handelten von der Verfolgung der Wölfe durch Provinz- und Staatsregierungen in Alberta, Britisch-Kolumbien, der Provinz Yukon und in Alaska. Das Vernichtungsprogramm wurde mit der falschen Behauptung begründet, Wölfe dezimierten Beutetierarten. In den meisten Fällen wurden die Wölfe von Hubschraubern und niedrig fliegenden Flugzeugen aus abgeschossen. In eini-

Ein Wolf knackt einen Knochen mit seinen von mächtigen Kiefermuskeln bewegten Reißzähnen.
© J. D. Taylor

gen Fällen wurden sie auch mit der scheußlichen Verbindung 1080 (Natriumfluoroazetat) vergiftet. Dieses starke Gift wird weder im Köder noch im toten Körper des Opfers abgebaut und kann über die Nahrungskette zahlreiche andere Säugetiere und Vögel töten. Die Opfer von 1080 sterben einen schrecklichen Tod.

Diese Neuigkeiten waren schockierend. Zu jener Zeit hatte ich schon fast dreißig Jahre lang Wölfe studiert. Ich hatte mit Hilfe meiner verstorbenen Frau Joan bereits zwei Wolfswaisen aufgezogen. Schließlich war es uns gelungen, sie in die Freiheit zu entlassen. Ich hatte auch über lange Zeit wilde Wolfsrudel beobachtet. Im Verlauf der Jahre war in mir der Respekt vor den Wölfen wegen ihrer Intelligenz und ihrer wunderbaren familiären Beziehungen gewachsen. Aus diesen Gründen, und, wie ich zugeben muß, weil ich Wölfe liebte, dachte ich, ich sollte persönlich die Nordwestgebiete besuchen, in denen die Wölfe abgeschossen wurden, um mehr über die Schlächterei zu erfahren. Dazu wollte ich in den Gebieten die Einstellung der Öffentlichkeit zu Wölfen und anderen Raubtieren erkunden. Sharon wollte wie immer freiwillig mitkommen, um mir Gesellschaft zu leisten und um die Ergebnisse zu dokumentieren.

Während der ersten vier Stunden unserer Rückreise fuhr ich schweigend. Ich dachte, es sei doch etwas widersprüchlich, wie schnell wir unsere Bestrebungen aufgaben, Informationen aus erster Hand über das Vernichtungsprogramm in Alberta, Britisch-Kolumbien, Yukon und Alaska zu bekommen, nur weil zwei kleine Wolfswelpen Verdauungsprobleme hatten. Nach einer gewissen Zeit sah ich jedoch ein, daß ich mit Sharon ohnehin nicht viel hätte tun können, um die Regierungen zur Einstellung ihres Abschußprogramms zu bewegen. Wenigstens hatten wir jedoch die Gelegenheit, das Leben zweier Wolfswelpen zu retten. Das war nun unser Ziel, und wenn es uns gelänge, hätten wir immerhin die Befriedigung, daß wenigstens zwei Wölfe aus Yukon überlebten. Später, so dachte ich, könnte ich vielleicht durch meine Veröffentlichungen und durch

gemeinsame Aktionen mit anderen Wolfsfreunden bewirken, daß die Wolfs-
killer mit der Schlächterei aufhörten.

Ich war damals und bin heute noch der Meinung, daß es unverantwortlich
ist, Raubtiere bloß deshalb zu töten, weil sogenannte Sportsfreunde ohne jeg-
liche beweiskräftige Anhaltspunkte behaupten, die wilden Jäger würden die
Individuenzahlen der Hirsche, der Elche und des anderen sogenannten Jagd-
wilds in einem bestimmten Gebiet dezimieren. Dieses Verhalten ist ein Sym-
ptom des sozialen Mißstands, der unsere eigene Art dazu veranlaßt, gegen sich
selbst und gegen alle Lebewesen Krieg zu führen, die nicht in die Kategorie
»nützlich für den Menschen« fallen. Dieses Denken vernachlässigt völlig die
Tatsache, daß in der Natur alles miteinander in Wechselwirkung steht: Wird ein
Teil eines Ökosystems entfernt, so leidet das ganze System darunter.

Um gegen dieses falsche Denken vorzugehen, hatte ich die Reise nach Westen unternehmen wollen. Ich war besonders schockiert, als ich in *Nature
Canada*, der Zeitschrift der *Canadian Nature Federation*, las, das Abschußprogramm in Britisch-Kolumbien würde teilweise von einer Gruppe von Jägern, einem ansässigen Händler für Jagdausrüstungen und von amerikanischen
Wildschafkillern finanziert.

»Erstaunt erfuhren wir von einer Tombola zur Geldbeschaffung für ein mas-
sives Abschußprogramm gegen Wölfe nördlich von Fort St. John in Britisch-
Kolumbien«, berichtete das Magazin. »Die B. C. Wildlife Federation und die
Northern B. C. Guides Association sponserten eine Tombola, um dem B. C.
Environment Department 100 000 Dollar übergeben zu können für den Ab-
schuß von etwa 400 Wölfen von Hubschraubern aus. Dies werde die Zahl der
Hirsche, Elche und Rentiere wieder ansteigen lassen.«

Zusätzlich spendete der Verband der nordamerikanischen Wildschafjäger,
dessen Mitglieder 1980 fast 1500 Schafe in den Vereinigten Staaten abgeschossen hatten, der Regierung von Britisch-Kolumbien 100 000 Dollar für das Ab-

*Wölfe fressen vom
Kadaver eines
Elchbullen.*
© Erwin und Peggy Bauer

schußprogramm. Insgesamt beteiligten sich die drei Sponsorgruppen mit mindestens 200 000 Dollar an dem völlig unsinnigen Programm.

Inzwischen hatte die zuständige Abteilung der kanadischen Biologenvereinigung die Dokumente studiert, von denen die Regierung in Britisch-Kolumbien behauptete, sie würden den Abschuß der Wölfe rechtfertigen. Doch die Biologen verurteilten das Gemetzel. In einer Stellungnahme an die Regierung schrieben die Biologen, es gebe keine biologische Grundlage »oder biologische Rechtfertigung für das Wolfsabschußprogramm, das zur Zeit im nordöstlichen Britisch-Kolumbien durchgeführt wird.« Vierundzwanzig Stunden, nachdem wir Whitehorse verlassen hatten, kamen wir nach Dawson Creek in Britisch-Kolumbien. Dort trennten uns immer noch 4000 Kilometer von unserem Heim, doch die Verfassung der kleinen Wölfe ermutigte uns, denn ihr Zustand hatte sich merklich gebessert.

Am späten Nachmittag des 21. Mai erreichten wir Edmonton, Alberta, nachdem wir von Dawson Creek 566 Kilometer zurückgelegt hatten. Wir fuhren durch das Geschäftszentrum der Stadt und machten bei einem Restaurant am Straßenrand halt, um früh zu Abend zu essen und warmes Wasser für die Babynahrung zu bekommen. Nachdem wir gegessen hatten, waren bereits vier Stunden seit der letzten Welpenfütterung vergangen. Diesem Umstand verdankten wir das Geheul, das erklang, als wir die rückwärtige Klappe des Wagens öffneten und die Box mit den Welpen zwischen uns auf die Vordersitze legten.

Sobald wir den Deckel abhoben, stand das Weibchen aufrecht da, winselte und kletterte aus der Schachtel. Seine Bewegungen waren noch unsicher, aber sehr bestimmt. Das Männchen folgte sogleich, nicht so agil zwar wie seine Schwester, doch ebenso bestimmt. Sharon wollte das kleine Weibchen auf ihren Schoß nehmen, doch das Tier fand aus eigenem Antrieb dorthin. In der Zwischenzeit hatte es sich das Männchen auf meinem Schoß bequem gemacht.

Beide Welpen verschlangen je 115 Milliliter einer Mixtur, bei der wir die

Reisstärke durch ein Gemisch von Cerealien ersetzt und der wir ungefähr 57 Milliliter Hühnchenpüree aus einem Babygläschen beigegeben hatten. Nachdem wir sie gefüttert und gesäubert hatten, untersuchte ich, was sie auf der Wegwerfwindel hinterlassen hatten. Ihre Losung war zwar weich, aber nicht mehr durchfallartig, und wies nicht mehr den üblen Geruch auf. Wir schöpften nun so viel Zuversicht, daß die Welpen überleben würden, daß wir ihnen Namen gaben. Wir nannten das Weibchen Taiga – das russische Wort für die nördlichen Nadelwälder in Nordamerika und Eurasien – und das Männchen Tundra – der Name der nahezu baumlosen zirkumpolaren Ebenen.

Wir kamen am Abend des 25. Mai zu Hause an, aßen spät zu Abend und gingen ins Bett, nachdem wir den Wecker auf Mitternacht gestellt hatten, um die Welpen nochmals füttern zu können. Entsprechend sah unser Tagesablauf während der darauffolgenden zwei Wochen aus: Die Jungen wurden um 4 Uhr, 8 Uhr, 12 Uhr, 16 Uhr, 20 Uhr und um Mitternacht gefüttert.

Am nächsten Morgen nach der Acht-Uhr-Fütterung maßen und wogen wir die Welpen. Beide waren von der Nasenspitze bis zur Schwanzspitze genau 43 Zentimeter lang, und beide hatten offenkundig zugenommen. Da wir sie aber zu Beginn unserer Reise nicht gewogen hatten, konnten wir die Gewichtszunahme nicht genau feststellen. Als wir sie übernommen hatten, konnten wir ihre Knochen leicht durch das Fell hindurch spüren. Nun standen sie nicht mehr so weit hervor. Im Alter von 29 Tagen sollten sie ungefähr das Gewicht nördlicher Wolfswelpen in diesem Alter erreicht haben: zwei Kilogramm das Männchen und etwas weniger das Weibchen.

Es ist nicht leicht, einen sich windenden Welpen zu wiegen. Tundra machte uns beträchtliche Schwierigkeiten, ehe wir 1,7 Kilogramm ablesen konnten. Das Wiegen von Taiga war noch mühseliger, denn unter anderem urinierte sie auf die Skala. Schließlich bestimmten wir 1,5 Kilogramm als ihr Gewicht. In Anbetracht der ursprünglichen Verfassung der Welpen war ich mit den Fort-

schritten mehr als zufrieden und von der schnellen Gewichtszunahme sogar etwas überrascht.

In den darauffolgenden sieben Tagen teilten wir unser Schlafzimmer mit Tundra und Taiga und verbrachten einen Teil des Tages in einer Kinderstube, die zwei Meter auf einen Meter maß und die ich für sie gebaut und in meinem Büro aufgestellt hatte. Der Verschlag hatte 60 Zentimeter hohe Seitenwände, war mit einem künstlichen Rasen ausgelegt; ein sauberer Wurfkasten befand sich in einer Ecke. Wir hatten ein weiteres Stück von der künstlichen Unterlage auf Vorrat, so daß wir sie schnell austauschen konnten, wenn die eine beschmutzt war.

Am achten Tag reduzierten wir die Zahl der Fütterungen und erhöhten die Menge auf 170 Milliliter. Die Wölfe bekamen ein letztes Mahl um Mitternacht. Wir säuberten sie, trugen sie dann nach unten in ihren Verschlag, wo sie die Nacht verbrachten. Wir wollten ihnen die erste Mahlzeit des Tages um acht Uhr geben, doch nach so vielen gestörten Nächten vergaßen wir, den Wecker auf sieben Uhr zu stellen. Wir verschliefen, wurden aber plötzlich um halb neun Uhr von andauerndem und lautem, hohem Geheul zweier Wolfswelpen im unteren Geschoß geweckt.

Ich hatte noch während der Reise begonnen, Aufzeichnungen über Tundras und Taigas Verhalten zu machen, und zu Hause fuhr ich damit fort. Am Tag nach der ersten Benutzung des Verschlags in meinem Büro brachte ich die Welpen kurz nach dem Mittagessen erneut dorthin. Ich setzte mich hin, um zu schreiben, und bemerkte, daß Tundra offensichtlich im Innern des Kastens schlief, während Taiga in einer Ecke des Verschlags schlummernd auf dem Rücken lag.

Ich fragte mich, ob das Geräusch der Schreibmaschine sie nicht störte. Ich beobachtete Taiga und tat ein paar Anschläge. Sie schlief fest weiter. Obwohl ich Tundra nicht sehen konnte, verriet mir sein Schweigen, daß das Klappern

Taiga im Alter von acht Jahren. Das Wolfsweibchen wurde vom Autor und seiner Frau gerettet und vom 23. Lebenstag an aufgezogen.
© Bob Gurr Photo

der Maschine auch ihn nicht gestört hatte. Ich fand ihr Verhalten keineswegs ungewöhnlich, weil sich beide Welpen schnell an die Geräusche des Haushalts gewöhnt hatten, selbst an den Radau des Staubsaugers.

Ich vertiefte mich schnell in meine Arbeit und war ungefähr eine Stunde lang damit beschäftigt, als ich ein Buch vom Regal oberhalb meines Schreibtisches brauchte. Bevor ich danach griff, schaute ich Taiga an. Sie schlief immer noch in derselben Lage. Ich griff nun nach dem Buch und beobachtete dabei weiterhin die junge Wölfin. Ich erzeugte dabei ein leichtes kratzendes Geräusch, das den Wölfen unbekannt war. Und noch bevor ich das Buch vom Regal herunternehmen konnte, sprang Taiga, die sonst beim Gehen noch ungeschickt war und beim Laufen oft stolperte, blitzschnell auf die Beine und schoß ohne Stolpern in den Nistkasten.

Wenn ein Tier alarmiert wird, schüttet sein endokrines System eine Vielzahl von Hormonen ins Blut aus, besonders Adrenalin, das das sogenannte Kampf- und Fluchtsyndrom hervorruft. Taiga hatte gerade auf elegante Weise die Auswirkungen dieses Hormons demonstriert, doch es sollte noch deutlicher werden. Als ich sie rief und sie aus ihrer Höhle heraustrat, stand sie wieder auf schwankenden Beinen. Der schnelle Rückzug in ihren Bau hatte das überschüssige Hormon aufgebraucht. Danach war sie wieder in den Stoffwechselzustand zurückgekehrt, der für ihr Alter normal ist.

In der folgenden Woche nach dieser Notiz wiederholen sich die Beobachtungen in meinen täglichen Aufzeichnungen. Obwohl die Welpen schnell wuchsen und gut aßen, entwickelten sie sich nicht besonders rasch. Doch am 3. Juni kündigten sich Änderungen an, wie die folgenden Auszüge zeigen:

3. Juni: Am Morgen erneut rohes Hühnchenfleisch gefüttert. Beide fressen gut und kauen die Nahrung sehr gründlich, bevor sie sie hinunterschlucken. Später wurden beide aus unersichtlichen Gründen erregt. Sie winselten viel,

heulten und waren ganz allgemein unruhig. Sie hatten zuvor gut gefressen und waren nicht mehr hungrig, da sie angebotene Nahrung ablehnten. Wir nahmen sie in den Arm, streichelten sie und sprachen sanft mit ihnen. Sie begannen herumzulaufen und einander zu jagen. Kurz danach setzten wir sie in den Verschlag, und sie gingen schlafen. Waren sie übermüdet?

3. Juni, 16 Uhr: Welpen aßen gut, darunter rohes Rindfleisch und je einen Knochen. Nach dem Essen begannen sie mit spielerischen Kämpfen, bei denen beide die Schwänze steil nach oben stellten; jeder wollte dominieren und sich nicht dem anderen unterwerfen.

9. Juni: Die Welpen haben sich selbst entwöhnt. Zur Fütterung am Vormittag lehnten sie die Babynahrung ab und verschlangen rohes Hühnerfleisch und Hamburger aus Rindfleisch. Tundra fraß 0,2 Kilogramm, Taiga, seit jeher die bessere Esserin, 0,3 Kilogramm. Nachmittags um 3.30 Uhr gab Taiga auf dem Teppich im Wohnzimmer Losung ab, drehte sich um, schnüffelte an den festen Kotballen, versuchte dann, Erde loszuscharren und zeigte damit zum erstenmal das Markieren des Territoriums. Sharon war zuerst wütend, beruhigte sich aber schnell, als Taiga ihren Kummer bemerkte, weglief und sich, gefolgt von Tundra, unter dem Sofa verbarg. Ich mußte mich platt auf den Boden legen und beide beschwatzen, um sie wieder hervorzulocken. Wie die beiden ersten Welpen, die ich großzog (das Weibchen Matta und das Männchen Wa), können auch diese Wölfe unsere Gefühle sofort erkennen, seien es nun Ärger, Zorn, Sorgen oder einfach Bestürzung.

Wenn die Welpen zehn bis zwölf Wochen alt sind, haben sie normalerweise die Rangordnung unter sich ausgemacht.
© Peter McLeod / First Light

DAS HERANWACHSEN

Als wir Tundra und Taiga in Pflege nahmen, entschied ich noch auf der Rückfahrt aus Yukon, die beiden Tiere am Ende wieder auszusetzen und der für sie bestimmten Welt zu überlassen, wie ich dies bereits mit Matta und Wa getan hatte. Doch als die Welpen drei Monate alt waren, bemerkte ich, daß eine solche Wiederaussetzung jenseits meiner finanziellen Möglichkeiten lag.

Die Zeiten hatten sich grundlegend geändert, seitdem ich Matta und Wa wieder freigelassen hatte. In den achtziger Jahren hatte das allgemeine Wachstum in Ontario den Osten, den Westen und den Norden erfaßt. Was in der Mitte der sechziger Jahre kleine, verhältnismäßig isolierte Gemeinden gewesen waren, hatte sich nun zu Städten entwickelt, und an den Seeufern standen Häuser, Hütten und Freizeiteinrichtungen. Die Wölfe hingegen wurden mit dem gleichen Haß verfolgt wie zuvor.

Um einen geeigneten Lebensraum zur Freilassung von Tundra und Taiga zu finden, hätte ich ein Flugzeug zu einem Preis von über 150 Dollar die Stunde mieten und über weite Gebiete Nordontarios fliegen müssen, um Ausschau zu halten nach einem Gebiet, das weit genug von der Zivilisation entfernt war und einige weitere notwendige Voraussetzungen erfüllte: Die jungen Wölfe sollten nicht gejagt werden; sie sollten genügend Beutetiere finden; sie sollten nicht gegen ein bereits ansässiges Wolfsrudel kämpfen müssen; schließlich sollte das Gebiet auch einen Standort aufweisen, an den ich Baumaterialien transportieren konnte, um eine behelfsmäßige Hütte zu errichten. Darin wollte ich mich aufhalten, während Tundra und Taiga das Leben in der Wildnis kennenlernen sollten. Diese letzte Forderung war für mich sehr schwierig zu erfüllen, weil ich keine Vorstellung hatte, wie lange ich in der Wildnis bleiben und als ihr Trainer und Beschützer fungieren mußte. Als ich ausrechnete, was mich dieser Plan kosten würde, kam ich auf 30 000 Dollar (die ich nicht besaß), und so entschloß

Dieser Welpe untersucht das Gebiet in der Nähe seiner Spielstätte. Im Alter von sechs bis zehn Wochen werden die jungen Wölfe schnell immer geschickter.
© Erwin und Peggy Bauer

ich mich, unseren Zöglingen zu Hause ein großes natürliches Gehege zu bauen.

Unterstützt von Sharon und Murray Palmer, einem jungen Biologen, der mich gelegentlich bei Feldstudien unterstützt hatte, bauten wir erst ein vorläufiges Gehege mit den Ausmaßen 53 mal 18 Meter. Anfang September erweiterten wir dieses Gehege, so daß es am Ende 6500 Quadratmeter umfaßte. Dazu gehörten Wald, offenes Gebiet, ein Stall, in dem die Tiere während der schlimmsten Zeit der Fliegenplage Schutz finden sollten, sowie ein Weiher, der ihnen als Wasserstelle diente. In diesem Gehege waren unsere Zöglinge bis Mitte September zu kräftigen jungen Wölfen herangewachsen. Tundra wog 22 Kilogramm, Taiga war nur 1,4 Kilogramm leichter.

Als die Wölfe sechs Wochen alt waren, noch bevor wir sie im kleinen Gehege unterbrachten, hatten wir sie an das Tragen von Halsbändern gewöhnt. Als sie sich daran nicht mehr störten, nahmen wir sie zu Spaziergängen in unser 40 Hektar großes Waldgebiet mit. Jedes Tier war an einer ausziehbaren Leine befestigt. Auf diesen Exkursionen trugen die Tiere ihre Halsbänder.

Wilde Wolfsjunge beginnen in diesem Alter bereits ihre Fertigkeiten für die Jagd zu trainieren. Gelegentlich schlagen sie mit ihren Vorderpfoten hart auf den Boden, um Mäuse zu fangen, die durch den dichten Teppich der wilden Gräser laufen. Ein anderes Mal jagen sie Eichhörnchen oder springen sogar hoch, um Vögel im Flug zu fangen. Ich hatte dieses Verhalten in freier Wildbahn oft beobachtet, konnte aber nie feststellen, ob es genetisch bedingt war oder aus dem Bestreben hervorging, erwachsene Tiere nachzuahmen. Ich neigte zu der Ansicht, das Verhalten sei ererbt, war mir dessen aber nicht sicher.

Tundra und Taiga bewiesen schnell, daß die Vererbungstheorie richtig war. Am ersten Tag, an dem wir sie nach draußen mitnahmen, führten sie uns zu einer feuchten Niederung, die direkt hinter unserem Haus liegt, und jagten dort Mäuse, wobei sie so geschickte und zielgerichtete Sprünge vollführten und mit den Vorderpfoten auf den Boden schlugen wie ihre wilden Verwandten. Sie verfehlten zwar ziemlich viele, fingen aber doch ein paar. Eine Woche später gingen wir durch einen dichten Bestand junger Lärchen. Plötzlich schoß Tundra davon, sprang in die Höhe und fing einen Spatzen im Flug.

Als wir Mitte September mit den Welpen herumwanderten, hielt Tundra plötzlich inne, hob seinen Kopf und nahm offenbar einen interessanten Geruch wahr, wie seine sich bebenden Nasenlöcher verrieten. Einen Augenblick später drehte er um und führte mich zu einem kleinen Weiher. Weil sich Wa ungefähr im selben Alter damals ähnlich verhalten und mich direkten Weges zu einem Stachelschwein geführt hatte, das über eine Meile entfernt war, ließ ich Tundra seinen Willen und war selbst neugierig, was er denn wahrgenommen hatte und wie weit er mich bis zu seinem Ziel hinter sich herziehen würde.

Er trottete ungeduldig über 300 Meter weit und schleppte mich zum Ufer des Weihers. Dann umrundete er das Gewässer bis an die gegenüberliegende Seite und hielt inne, die Nase dicht am Boden, gut zwei Zentimeter an einem Pfotenabdruck, den ein erwachsener wilder Wolf zurückgelassen hatte. Offensichtlich hatte er die Welpen irgendwann in der Nacht zuvor besucht. Die Spur war frisch, und das Trittsiegel war im Uferschlamm gut erkennbar. Tundra beschnüffelte die Spur und hinterließ dann sein eigenes, viel kleineres Trittsiegel unmittelbar vor dem seines Verwandten.

Zehn Tage später sah ich beim Spaziergang im Wald einen Hirsch in einiger Entfernung zu unserer Rechten. Tundra konnte aufgrund seiner geringeren Augenhöhe das Wild sicher nicht sehen, nahm aber sofort seinen Geruch in der Spur wahr, die es zurückgelassen hatte, als es quer über unseren Pfad gelaufen war. Der junge Wolf folgte der Duftspur jedoch nach links, entfernte sich also vom Ziel. Doch nicht für lange. Nachdem er ungefähr fünf oder sechs Meter gelaufen war, bemerkte er, daß sich die Duftspur abschwächte. Er machte sofort kehrt und suchte in der entgegengesetzten Richtung. Der Hirsch war inzwi-

*Ein gesunder
Weißwedelhirsch ist
schneller als ein Wolf.
Normalerweise erlegen
Wölfe nur schwache
Exemplare.*
© Thomas Kitchin

schen freilich weggelaufen, doch Tundra führte uns zu dem frischen Kothaufen, den der Hirsch in seiner Erregung zurückgelassen hatte. Nun hatte ich einige Mühe, den widerspenstigen Wolf von der Fährte abzubringen.

Diese und andere Beispiele der Sinnesschärfe von Tundra und Taiga sowie ähnliche Erlebnisse in freier Wildbahn gewährten mir tiefe Einblicke in die soziale Ordnung der Wölfe, ihr Verhalten und ihre bestechende Intelligenz.

DIE INTELLIGENZ DER WÖLFE

Es gibt keinen Grund daran zu zweifeln, daß der Wolf ein hochintelligentes Tier ist. Er kann aus Erfahrung lernen und durch Denken Probleme lösen, denen er zuvor noch nie begegnet ist. Wie der wilde junge Wolf, der sein Geschwister genarrt hatte, um an den Knochen zu kommen, so bewies auch Taiga ihre Intelligenz und ihre Fähigkeit zur systematischen Planung an einem Nachmittag vor sechs Jahren, während ich mit Arbeiten am Gehege beschäftigt war.

Ich stand ganz oben auf einer Leiter außerhalb des Geheges, und vom Boden aus war mir ein Mann behilflich. Sharon stand in einiger Entfernung und beobachtete das Ganze. Ich arbeitete mit einem 30 Meter langen Seil, mit dem ich den Zaundraht spannte. Ich brauchte dafür freilich kein so langes Seil, aber ich wollte es auch nicht kürzen. Der größte Teil des Seils lag auf dem Gras außerhalb des Geheges in einem Abstand dazu, den ich als zu groß eingeschätzt hatte, als daß die beiden Wölfe das Seil hätten erreichen können.

Jedenfalls war ich gerade dabei, eine Krampe einzuschlagen, als ich fast von der Leiter geworfen wurde. Das Seil verschwand plötzlich im Gehege, weggeschleppt von Taiga. Ich hatte nicht gesehen, wie sich der Wolf das Seil schnappte, doch Sharon hatte das Ganze mitbekommen.

Taiga hatte zunächst versucht, an das Seil heranzukommen, indem sie im Stehen ihre Vorderpfote durch eine Drahtmasche hindurchzustecken ver-

Tundra, Taigas Bruder.
© Bob Gurr Photo

suchte. Als dies nicht gelang, legte sie sich mit dem Bauch auf die Erde und versuchte, die Schnauze durch eine Masche zu stecken. Das gelang wiederum nicht. Dann legte sie sich auf die Seite und versuchte mit der Schnauze seitlich durch den Draht zu kommen, was erneut mißlang. Doch dann zog sie die Schnauze nicht zurück, sondern streckte ihre lange elastische Zunge heraus, die nun an das Seil herankam. Zunächst gelang es ihr, das Seilende nach und nach zu sich zu ziehen, bis sie es mit dem Maul packen konnte. Sie zog das Seil schließlich ins Gehege und rannte dann mit hoher Geschwindigkeit davon.

Das war die erste unbestreitbare Demonstration von Taigas Intelligenz. Obwohl Tundra uns nicht so oft neckte, zeigte auch er bei vielen Gelegenheiten, daß er sehr scharf denken konnte.

KAPITEL 6

WOLF UND MENSCH

DER GRIECHISCHE PHILOSOPH PLUTARCH (CA. 46 BIS 120 N. CHR.) BERICHTETE
in seinen *Parallelbiographie* von einer Zahlung, die man als die erste dokumentierte Wolfsprämie betrachten kann. Er schrieb, griechische Behörden
hätten fünf Silberdrachmen gezahlt an einen Jäger, der ihnen ein totes Wolfsmännchen gebracht hatte. Bereits etwas eher hatte der berühmte römische
Naturforscher Plinius der Ältere (23/24 bis 79 n. Chr.) in seinen Schriften von
Konflikten zwischen Menschen und Tieren, insbesondere Wölfen berichtet.
Karl der Große (742 bis 814) bestimmte, jede Gemeinde müsse zwei Jäger
beschäftigen, um die Wölfe auszurotten.

Aus solchen historischen Quellen geht hervor, daß der Krieg gegen die
Wölfe und die Zahlungen entsprechender Kopfprämien vor 2000 Jahren bereits
begonnen hatten. Der Ursprung des Konflikts liegt wahrscheinlich schon
10 000 Jahre zurück, als der Mensch mit der Landwirtschaft begann. Diese
sogenannte neolithische Revolution brachte den Menschen auf Kollisionskurs
mit den Raubtieren und machte ihn zum Feind der natürlichen Lebensräume,
die Räuber und ihre Beutetiere zum Überleben brauchen. Indizien stützen die
Hypothese, daß die Landwirtschaft, besonders die Zucht von Haustieren, lange
vor dem Auftreten der griechischen und römischen Zivilisation zu ersten
Konfrontationen zwischen Mensch und Wolf führte. Mit zunehmender
Bevölkerungsdichte wurde immer mehr Wald für Dörfer und Städte, für den

*Zwei europäische Wölfe.
Seit der ersten Hälfte
unseres Jahrhunderts
gibt es in den meisten
Teilen Westeuropas keine
Wölfe mehr.*
© Jean-Paul Ferrero /
Auscape

120

Anbau von Pflanzen und für die Viehhaltung gerodet. Dadurch schrumpften die Territorien der Wölfe und ihrer Beutetiere. Nachdem die Raubtiere nicht mehr genügend Nahrung in freier Wildbahn fanden, fielen sie auch Haustiere an. Aber auch die wilden Beutetiere hatten einen Teil ihrer Nahrungsgrundlage verloren und ergänzten ihr Futter durch Kulturpflanzen, die zudem besser schmeckten und leichter zu bekommen waren. So kam es, daß die Menschen immer mehr Wildtiere wie Hirsche auch deshalb erlegten, um ihre Kulturpflanzen zu schützen. Die erbeuteten Grasfresser dienten außerdem der menschlichen Ernährung. Als erheblich später die Nahrungsgrundlage der Menschen kaum mehr von Wildtieren abhing, machten sie dennoch weiterhin Jagd auf das Wild, nunmehr zum bloßen Vergnügen.

Als die Waldflächen schrumpften und die Populationen der Beutetiere drastisch abnahmen, blieb dem Wolf nichts anderes übrig, als mehr und mehr Haustiere zu jagen. Das verstärkte den Haß des Menschen, und die Völker begannen, in ihren Sagen und Legenden den Wolf als Teufel zu porträtieren, dessen einziger Zweck auf Erden darin bestand, den Menschen zu quälen.

Ungefähr 900 Jahre nach Plutarchs Beschreibung der ersten Kopfprämie trug die Niederschrift der nordischen Mythologie das Ihre dazu bei, den unverdient schlechten Ruf des Wolfes festzuschreiben: Die Lieder der *Edda* kennen eine satanische Gestalt namens Loki. Loki ist ein Gottwesen, das von Riesen abstammt und alle möglichen Betrügereien und Untaten begeht. Das erste seiner drei Kinder war der schreckliche Fenriswolf, der zahllose Menschen verschlang, ehe die Götter ihn in Ketten legen konnten.

Ein ähnlicher alter Mythos trat im Mittelalter wieder auf. Man glaubte, entsprechend veranlagte Menschen besäßen die Fähigkeit, sich selbst in Werwölfe zu verwandeln. Diese streiften nachts umher und töteten hilflose Menschen, tränken das Blut ihrer Opfer und ließen ihre Körper zurück. Der Aberglaube vom Werwolf verbreitete sich in Frankreich und anderen europäischen Län-

122

»Sowohl Werwölfe als auch Bären-Männer sind wohlbekannt aus der mittelalterlichen Literatur. Sogenannte Berserker bildeten oft die Leibgarde früher skandinavischer Könige und Häuptlinge.«

SCANDINAVIAN FOLK BELIEF AND LEGEND,
HERAUSGEGEBEN VON REIMUND KVIDELAND UND
HENNING K. SEHMSDORF

dern, und selbst heute soll man ihn noch in abgelegenen Gegenden Mitteleuropas antreffen.

Es hat den Anschein, als seien die sogenannten Werwölfe Opfer einer seltenen Erbkrankheit namens Porphyrinurie gewesen. Die Stoffwechselstörung kann heute therapeutisch behandelt werden. Porphyrine sind im Körper vorkommende Farbstoffe, zu denen auch das Hämoglobin und das Chlorophyll gehören. An Porphyrinurie Erkrankte geben mit dem Urin große Mengen von Porphyrinen ab. Da diese Verbindungen rot gefärbt sind, glauben die Patienten selbst, sie würden Blut urinieren. Ferner litten vielleicht manche der sogenannten Werwölfe an Lykanthropie, das heißt der Wahnvorstellung, sie seien Wölfe. Ähnliche Störungen treten auch heute gelegentlich bei Schizophrenen auf.

Plinius, der seinerzeit als bedeutender Naturwissenschaftler galt, berichtete ebenfalls bereits über den Glauben, Menschen könnten sich in Wölfe verwandeln. Er schrieb: »Daß Menschen sich in Wölfe und wieder zurück in Menschen verwandeln können, ist meiner Meinung nach absoluter Unsinn. Andernfalls müßten wir allen derartigen Geschichten glauben, obwohl sie sich aufgrund unserer umfangreichen Nachforschungen als falsch erwiesen haben.« Dieser harsche Kommentar von Plinius weist darauf hin, daß der Werwolfmythos wahrscheinlich schon auf die Zeit vor Christi Geburt oder kurz darauf zurückgeht.

Abgesehen vom Werwolfsaberglauben gibt es noch eine Unzahl offenkundig lächerlicher Geschichten, darunter auch so kindische Erzählungen wie »Rotkäppchen« und »Die drei kleinen Schweinchen«. Meist ist der Wolf als gefräßiges, blutrünstiges und sadistisches Wesen geschildert, das Menschen tötet und auffrißt. Stets bringt er mehr Tiere um, als er im Augenblick fressen kann. Eine Geschichte erzählt, wie ein Wolf gezielt eine trächtige Hirschkuh angreift, ihr den Bauch aufbeißt, den Fetus herausreißt und verschlingt. Die Mutter darf bei der ganzen Angelegenheit zusehen, bevor sie selbst getötet wird.

Wohin ich auch kam, hörte ich solche Geschichten, und stets behauptete der

Frankokanadische Siedler werden von Wölfen verfolgt. Ein eher phantastischer als realistischer Druck des Künstlers William Raphael aus dem späten 19. Jahrhundert. National Archives of Canada C-22095

Erzähler, er habe die Ereignisse entweder selbst miterlebt oder sie seien seinem Vater, einem Onkel oder einem Nachbarn passiert. Beweise gibt es freilich niemals.

In den Vereinigten Staaten gibt es erbitterten Widerstand gegen die Pläne der Bundesregierung, den Grauwolf im Yellowstone-Nationalpark wieder einzuführen. Der Nationalpark umfaßt Gebiete in den Staaten Montana, Wyoming und Idaho, liegt also mitten in Rancherland. 1973 wurde der Wolf zwar zur bedrohten Art erklärt, und das hätte eigentlich bedeutet, daß man quer durch die Vereinigten Staaten in geeigneten Lebensräumen mit seiner Wiedereinbürgerung hätte beginnen müssen. Doch die Opposition von seiten der Rancher war so heftig, daß der Kongreß erst 1991 den *United States Fish and Wildlife Service* dazu aufforderte, einen Bericht über die Auswirkungen auf die Umwelt vorzulegen. Dies ist der erste Schritt auf dem Weg zur Wiedereinbürgerung einer Art in ihren ursprünglichen Lebensräumen. Die Studie wird nicht vor 1994 fertig sein. Dann wird sie das Innenministerium studieren, das schließlich entscheidet, ob wieder Wölfe im Yellowstone-Nationalpark eingeführt werden sollen, in einem Gebiet, wo sie vor über vierzig Jahren ausgerottet worden waren.

Der Haß gegen Wölfe scheint tief in der menschlichen Seele verwurzelt zu sein. Dies geht auch aus John Pollards Buch *Wolves and Werewolves* hervor. Der Autor erzählt eine Horrorgeschichte nach der anderen über Wölfe, die Menschen bedrohen oder töten und ihre Bauernhöfe plündern. In einem literarischen Höhenflug berichtet er von einem Hund, der einem Wolf entkommen war, indem er Zuflucht auf einem Heuschober gefunden hatte. Ich fand das amüsant, denn wo ein Hund hinaufklettern kann, kann dies auch der Wolf, und wahrscheinlich würde er als erster oben ankommen.

Eine Geschichte, die sich am 26. Januar 1914 in Frankreich zugetragen haben soll, berichtet von einem kleinen Mädchen, das von einem Wolf getötet

125

wurde, als es durch den Wald nach Hause ging (klingt das nicht nach Rotkäppchen?). Der Autor schreibt, das Kind habe das »unheimliche Gefühl gehabt, beobachtet zu werden«, und so habe es seine Schritte beschleunigt. Nachdem das Mädchen in der Geschichte getötet wurde und seine Reste erst am darauffolgenden Tag im Wald gefunden wurden, kann man sich nur wundern, wie der Autor von den Gefühlen des Kindes erfahren hat. Freilich müssen Mythen sich nicht immer an die ungeschminkte Wahrheit halten. Leider scheinen manche Menschen solche Schauermärchen nun einmal zu lieben. Am bedauerlichsten ist jedoch, daß dabei häufig die Wahrheit auf der Strecke bleibt.

ANGRIFFE VON WÖLFEN

Es steht außer Zweifel, daß es während der historischen Zeit in Europa zu Angriffen von Wölfen oder Wolfskreuzungen gegen Menschen gekommen ist. Ebenso zutreffend ist aber auch die Feststellung, daß nordamerikanische Wölfe bisher keine Menschen angegriffen haben, obwohl viele Menschen das Gegenteil behaupten. Es gibt nur zwei dokumentierte Fälle sogenannter Angriffe von Wölfen in der Neuen Welt. Beide geschahen in Kanada.

Der erste Fall betraf einen Wissenschaftler, der von der kanadischen Regierung angestellt war. Der Zwischenfall ereignete sich 1927 in den Nordwestgebieten, wo der Forscher und zwei Begleiter Studien durchführten. Sie hatten ihr Lager in der Tundra aufgeschlagen, und ihre Hunde waren an Pfählen angebunden. Eines frühen Morgens begannen die Huskies zu bellen. Die Männer verließen ihre Zelte und sahen einen Wolf mitten im Lager. Es war ein Weibchen und höchstwahrscheinlich ein einzeln lebendes Tier, das sein Rudel verlassen hatte, um einen Partner zu suchen. Das Weibchen wurde ohne Zweifel vom Duft der Hunderüden angezogen, die im Gegensatz zu den Wolfsmännchen andauernd sexuell bereit sind. Die Männer begannen sofort, den Wolf mit

Der Wolf symbolisiert den Teufel, der über das Schaf, die christliche Kirche, herfällt. Illustration aus dem 16. Jahrhundert. Mit freundlicher Genehmigung der University of Chicago Library, Department of Special Collections.

*Das Märchen vom
Rotkäppchen ist nur eine
von vielen Mythen über
den Wolf.*

Steinen zu bewerfen. Der Wissenschaftler nahm einen großen Stein vom Boden und rannte auf den Wolf zu. Er hob den Stein über seinen Kopf, um ihn auf den Eindringling zu schleudern. Dabei verfehlte er den Wolf, doch als er mit den Armen in die Nähe des Tieres geriet, biß es zu und rannte anschließend weg. Dem Wissenschaftler war freilich klar, daß der Wolf sich lediglich zu verteidigen versucht hatte. Er meldete daher seinen Unfall nicht, und seine Wunden verheilten gut. Später stuften die, die davon nur gehört hatten, den Zwischenfall als Wolfsangriff ein.

Zur zweiten Konfrontation kam es im Spätwinter 1942 im Gebiet von Chapleau in Ontario. Der Vorarbeiter eines Eisenbahnabschnitts fuhr mit einer Draisine entlang der Bahnlinie und wurde von einem angreifenden Wolf von seinem Fahrzeug geworfen. Er konnte sich aus dem Schnee erheben und zwei Äxte packen, die sich auf der Plattform der Draisine befanden, während der Wolf noch in einem Abstand von 15 Metern stand. Augenblicke später griff er erneut an, doch der Mann vertrieb ihn mit den beiden Äxten, wobei er eine verlor, als er versuchte, den Wolf zu treffen. Den Berichten zufolge knurrte der Wolf während des Angriffs und knirschte mit den Zähnen. Der Kampf dauerte ungefähr vierzig Minuten und kam erst zu einem Ende, als ein Zug eintraf, die Besatzung absprang und mit Werkzeugen den Wolf erschlug. Der Mann wurde übrigens nicht gebissen. Der Bericht über den Angriff wurde 1947 im *Journal of Mammalogy* veröffentlicht, dem offiziellen Organ der amerikanischen Vereinigung der Säugetierforscher. Das Verhalten des Wolfes deutet stark darauf hin, daß er tollwütig war. Doch Tests an toten Tieren waren zu jener Zeit nicht üblich.

Der verstorbene Dr. Adolph Murie, ein hervorragender Biologe im Dienst des *United States Fish and Wildlife Service*, hatte viele nahe Begegnungen mit Wölfen in Alaska, wurde jedoch nie angegriffen. In mindestens einer Situation hatte er eine Wolfsfamilie schwer provoziert. Er kroch in einen Bau, nahm drei

Welpen aus einem Wurf von sechs weg, kroch mit ihnen wieder hinaus, während beide Eltern dabeistanden, untersuchte sie, steckte ein Tier in seinen Rucksack, brachte die beiden anderen wieder zurück in die Höhle, kroch erneut hinaus und verließ das Gebiet, wobei er nur etwas angebellt und mit Geheul bedacht wurde.

Warum greifen Wölfe Menschen in Europa an, aber nicht in Nordamerika, wo es zu keinen vergleichbaren Angriffen kam? Eine mögliche Erklärung mag darin liegen, daß die Europäer im Mittelalter oder sogar noch früher große doggenähnliche Hunde züchteten, die Wölfe von den Bauernhöfen fernhalten sollten. Viele dieser Hunde durften jedoch frei herumstreunen, und aus alten Berichten wissen wir, daß sie sich mit Wölfen paarten und große Mischlinge hervorbrachten. Diese Kreuzungen zwischen Wolf und Haushund waren viel größer als der eher schmächtige europäische Wolf, der ungefähr 30 Kilogramm auf die Waage bringt. Die Mischlinge hatten auch weniger Angst vor dem Menschen und waren viel aggressiver. Ein Hinweis darauf findet sich auch in dem Bericht vom »Ungeheuer von Gévaudan«. Der französische Priester François Fabre trug die Daten aus alten französischen Dokumenten zusammen und veröffentlichte sie im Jahr 1901. Er hatte den Fall im wesentlichen anhand von Pfarrbüchern und ähnlichen Quellen rekonstruiert.

Die »Wolfs«angriffe geschahen in den Gebieten von Gévaudan und im Vivarais von 1764 bis 1767. Obwohl die Überlieferung von »einem« Ungeheuer spricht, handelte es sich ohne Zweifel um zwei Tiere. In der Zeit von fast drei Jahren, so die Berichte, wurden über hundert Menschen angegriffen. 64 von ihnen wurden getötet und aufgefressen oder starben an den Folgen ihrer Verletzungen. Die Berichte lassen auch deutlich erkennen, daß überwiegend Kinder angefallen wurden. Im September 1765 gelang es, eines der Tiere zu töten. Im Juni 1767 wurde das zweite Tier erlegt. Damit hörten die Angriffe auf.

Beide Tiere waren außergewöhnlich groß: Das erste wog 50, das zweite

59 Kilogramm. Diese Gewichte wurden aber erst acht beziehungsweise zehn Stunden nach dem Abschuß der Tiere gewogen, wodurch die Ergebnisse sehr ungenau sind, da die Körper bereits viel Wasser verloren hatten. Hätte man sie gleich nach der Jagd auf die Waage gelegt, so wäre wohl jeweils ein um etwa 10 Prozent höheres Gewicht gewogen worden. Jedenfalls zeigen selbst die gemessenen Angaben zusammen mit den Schädelmaßen des zweiten Tieres, daß beide viel größer waren als der durchschnittliche europäische Wolf. Die Angriffe und die Größe der Tiere lassen den Schluß zu, daß es sich wahrscheinlich um Kreuzungen aus Wolf und Dogge handelte. In dieselbe Richtung deuten auch die erhaltenen Beschreibungen des Fells, denn sie sprechen von einer Mischung aus schokoladebraunen und rotbraunen Haaren. Diese Töne sind im Wolfsfell normalerweise nicht zu finden.

Während des ganzen Mittelalters wurden in Europa immer mehr Waldflächen gerodet. Das hatte zur Folge, daß sich Wölfe immer mehr an Haustieren vergriffen. Zur selben Zeit fielen auch herumstreunende und zum Teil verwilderte Hunde über das Vieh her, und ähnliches ist wohl zu sagen von der großen Zahl verwilderter Hauskatzen, die in Scheunen und auf Abfallhalden lebten. Rotfüchse, Dachse und Iltisse nahmen an Zahl zu, wodurch sich die Tollwut dramatisch ausbreitete. Diese Krankheit wurde in jener Zeit noch nicht als solche erkannt und endete tödlich für alle, die infiziert wurden. Abgesehen von den Angriffen, für die Mischlinge aus Wolf und Haushund oder wilde Hunde verantwortlich waren, war vermutlich die Tollwut die Ursache derjenigen Angriffe, die von echten Wölfen ausgingen. Weil die Überlebenden später einen schrecklichen, qualvollen Tod starben, nahmen die Angst und der Haß gegen Wölfe weiter zu.

In den vergangenen acht Jahren kamen über 3000 Menschen zu uns und unseren Adoptivwölfen Tundra und Taiga. Drei davon hatten unverkennbar Angst vor den Wölfen, obwohl die Tiere in ihrem Gehege blieben und einen Menschen gar nicht hätten angreifen können, selbst wenn sie es gewollt hätten. Sechsmal kam es vor, daß ein Besucher unter starkem Streß litt. In jedem der Fälle hätte Tundra fast sicher angegriffen, wenn er die Gelegenheit gehabt hätte.

Wenn Menschen oder Tiere unter Streß stehen oder steroidhaltige Medikamente einnehmen, merken die Wölfe dies am ungewöhnlichen Verhalten und Geruch. Die Betroffenen geben dann große Mengen von Pheromonen ab, besonders Adrenalin, und ihre Bewegungen, die Art, wie sie sich geben, und ihr Gang verraten den Wölfen, daß sie Angst haben oder krank sind. Dennoch gehen die Menschen weiter, weil sie sich durch den Zaun geschützt fühlen.

Aus der Sicht der Wölfe ist das ein Widerspruch. Die Körpersprache ist wichtig in ihrer Welt. Sie beobachten, wie ein Tier geht – sei es ein Beutetier oder ein Räuber wie ein Puma, ein Bär oder ein Luchs –, und sie riechen die Pheromone, die dieses Tier abgibt. So können die Wölfe erkennen, ob das Individuum aggressiv ist oder Angst hat. Ein aggressives Tier wird mit Vorsicht behandelt. Ein ängstliches Tier wird versuchen wegzulaufen, und dann greift der Wolf an.

Dennoch werden Wölfe in freier Wildbahn fast immer den Menschen aus

Ein südeuropäischer
Wolf in freier Wildbahn.
© William Pator / NHPA

dem Weg gehen. Aus Gründen, die wir nicht kennen, betrachten sie den Menschen nicht als Beute, zumindestens nicht in Nordamerika. Ich vermute, daß, abgesehen von Tollwutfällen und Kreuzungen mit großen Hunderassen, auch europäische und asiatische Wölfe den Menschen kaum angreifen.

WÖLFE ALS HAUSTIERE

Immer wieder fragen mich Menschen, ob Wölfe auch gute Haustiere abgeben. Ich antworte stets mit einem Nein und füge hinzu, daß kein Wildtier sich zum Haustier eignet, besonders nicht für Menschen, die keinerlei Ahnung vom Verhalten der betreffenden Tierart haben, aber dennoch wohlmeinend ein junges Wildtier adoptieren und es behandeln, als sei es ein Haushund oder eine Hauskatze.

Während der vergangenen Jahre ist es in den Vereinigten Staaten und Kanada zur Mode geworden, einen Wolf oder eine Kreuzung aus Wolf und Haushund zu besitzen. Der *Humane Society of the United States* zufolge gibt es heute in Amerika ungefähr 200 000 solcher Hybriden. Für Kanada sind keine Zahlen erhältlich, doch werden in den Anzeigenspalten von Zeitungen nicht selten solche Mischlinge zum Verkauf angeboten.

Gewissermaßen als Unterstützung der Theorie, daß Hybriden zwischen Wolf und Haushund größtenteils für die Angriffe gegen Menschen in Europa verantwortlich sind, gab es nun auch in den Vereinigten Staaten eine Reihe solcher Attacken. In den vergangenen drei Jahren, bis Ende 1991, waren dabei sechs Todesfälle zu verzeichnen. Es gab noch erheblich mehr Angriffe durch solche Hybriden auf Menschen. Viele davon hatten ernsthafte Folgen und waren gegen Kinder gerichtet.

Die *Humane Society of the United States* wendet sich vehement gegen das hemmungslos praktizierte Kreuzen von Wölfen und Haushunden. In einer

»Vor langer, langer Zeit lebte ein kleiner Indianerjunge, der gerne im Wald umherstreifte. Auf einer seiner Wanderungen begegnete er sechs Wolfswelpen. Er blickte sich nach der Mutter der Welpen um, doch sie war nirgendwo zu sehen. So ging er jeden Tag in den Wald und fütterte die sechs Welpen. Oft träumte er davon, eines Tages ein großer Jäger zu werden wie sein Vater. Schließlich dachte er bei sich: ›Ich möchte den Namen des Wolfes annehmen, der da lautet Sta-Ka-Ya.‹ Mit den Jahren wuchs er heran ... und wurde als großer Jäger zur Legende.«

YVONNE SAM, *TALES FROM THE LONGHOUSE*, GESCHICHTEN VON INDIANERKINDERN IN BRITISCH-KOLUMBIEN, ERZÄHLT VON IHREM VATER

Ein Mischling aus Wolf und Haushund. Viele Menschen in Nordamerika halten solche Hybriden als »exotische« Haustiere.
© Mike Biggs

Pressemitteilung des Jahres 1991 steht: »Wolfshybriden sind ungeeignet als Haustiere und sollten vom Gesetz als exotische Tiere eingestuft werden.«

»Die Menschen hegen die romantische Vorstellung, sie würden mit der wilden Natur wieder in Berührung kommen. Doch was sie am Ende besitzen, ist ein Lebewesen mit einer gefährlichen psychischen Konstitution, da es selbst nicht weiß, ob es wie ein Wolf oder wie ein Haushund reagieren soll«, sagte Sandy Rowlands, der Regionaldirektor der Gesellschaft im Gebiet der Großen Seen.

Dr. Randall Lockwood, Vizepräsident der Gesellschaft, bemerkte dazu: »Wolfshybriden machen 15 000 Jahre der Domestizierung rückgängig, durch die der Wolf zum Haushund und zu einem sicheren und freundlichen Begleiter des Menschen wurde. Wer solche Hybriden hält, trägt weder dazu bei, das Bild des Haushundes, noch das des Wolfes zu verbessern.«

Das Hauptproblem beim Kauf eines Hybriden ist, daß der zukünftige Besitzer über die genetische Mischung des Tieres nicht genau Bescheid weiß. Wahrscheinlich wird der Züchter, der sein Tier ja verkaufen will, einem zukünftigen Besitzer versprechen, der Welpe sei zu 90 Prozent ein Wolf – oder umgekehrt, wenn der Besitzer zu große Wolfsanteile im Welpen fürchtet, der Wolf sei nur zu 25 Prozent vertreten. In jedem Fall ist das Ergebnis einer solchen Züchtung, wie die Redensart sagt, »nicht Fisch und nicht Fleisch«.

Ein weiteres Problem ergibt sich daraus, daß die meisten Käufer von Wolfshybriden wenig oder überhaupt nichts über die Bedürfnisse des Tieres, sein zukünftiges Verhalten und seine Reaktion auf Disziplinierungsmaßnahmen durch den Menschen wissen. Wölfe beispielsweise müssen nach Wolfsart diszipliniert werden. Dies bedeutet, daß der Besitzer die Wolfshierarchie verstehen und, so gut es geht, mit dem Tier sozusagen in dessen eigener Sprache reden muß. Das ist durchaus möglich, doch wer nicht wirklich das Verhalten von Wölfen studiert hat, hat wenig Chancen, daß ihm dies gelingt. Die Resultate lassen sich dann in der Statistik der Unglücksfälle nachlesen.

133

Nie sollte man auch nur im Traum daran denken, einen Wolf oder einen
Wolfshybriden an die Kette zu legen. Die Tiere dürfen auch nicht in einem kleinen Gehege gehalten werden, besonders wenn es darin keine Bäume gibt, die
Schutz gewähren, und wenn der Boden nur aus Beton besteht. Tiere, die unter
solchen Bedingungen gehalten werden, seien es echte Wölfe oder Wolfshybriden, werden schlecht auf diese Behandlung reagieren. Sie werden entweder
ungewöhnlich ängstlich oder extrem aggressiv.

Man muß die Tiere auch vom Umgang mit kleinen Kindern fernhalten – es
gab in dergleichen Fällen schon zu viele Tragödien. Im März 1990 griff ein
Wolfshybride in Anchorage, Alaska, ein vierjähriges Mädchen in Anwesenheit
der Eltern an. Er packte das Kind am Kopf und schüttelte es heftig. Ein großer
Teil der Kopfhaut wurde abgerissen, und im Gesicht trug das Kind Bißwunden
davon. Im Frühjahr 1990 griff wiederum in Alaska ein Mischling, von dem
sogar behauptet wurde, er liebe Kinder, einen vier Jahre alten Jungen an, brach
ihm den Arm und richtete seine Brust und sein Gesicht übel zu. Weiter geht ein
großer Teil der Verluste an Haustieren und Vieh in verschiedenen Teilen der
Vereinigten Staaten und Kanadas auf das Konto wilder Hybriden. So kommt es,
daß der jahrhundertealte Konflikt zwischen Mensch und Wolf wieder auf-
flackert.

Das Problem mit den Wolf-Haushund-Mischlingen wird weiter dadurch ver-
schärft, daß wilde Hunde und Mischlinge sich ihrerseits mit Kojoten kreuzen.
Durch Jagd und Ausrottungsaktionen gegen Kojoten bleiben von einem Rudel
oft nur einzelne Tiere übrig. Diese können sich nicht mehr mit Mitgliedern der
eigenen Art paaren, sondern nur mehr mit verwilderten Haushunden oder mit
Hybriden zwischen Haushund und Kojoten.

Aus diesen Gründen – also vor allem wegen menschlicher Ignoranz und ver-
kehrten Maßnahmen – entstehen zur Zeit auf dem nordamerikanischen Konti-
nent ganz neue Arten von Raubtieren. Die Tiere werden sehr wahrscheinlich in

Eine Huskymutter aus dem hohen Norden säugt ihre Jungen. Die Huskies und Malamutes sind den Wölfen in Aussehen und Verhalten sehr ähnlich. Sie sind wahrscheinlich die engsten Verwandten des Wolfes.
© Fred Bruemmer

bewohnten ländlichen Gebieten überleben und vor allem Jagd auf Haustiere machen. Wegen ihrer genetischen Vermischung werden sie für die Tollwut sehr anfällig sein und damit die Krankheit noch schneller verbreiten, als sie ohnedies in den vom Menschen besiedelten Gebieten bereits um sich greift.

Vielleicht hat die gegenwärtige Marotte mit den Wolf-Haushund-Mischlingen ihre Wurzeln teilweise in dem Wissen, daß es offenbar vor mehreren tausend Jahren die Ureinwohner des nördlichen Nordamerika und Nordeurasiens waren, die den Wolf domestizierten. Sie setzten ihn in der Meute ein, bei der Jagd oder zum Ziehen von Schlitten. So entstanden die Huskies in Nordkanada und Sibirien und die Malamutes von Alaska. Beide Rassen können sich weiterhin mit Wölfen paaren. Doch die Menschen weiter im Süden sollten sich nicht der Illusion hingeben, diese nördlichen Hybriden seien geeignete Haustiere. Das sind sie in der Tat nicht. Es sind Arbeitstiere – oder waren es zumindest, bevor die Motorschlitten aufkamen, die heute die von Hundegespannen gezogenen Schlitten weitgehend ersetzt haben. Jedenfalls sind die meisten Huskies oder Malamutes wenigstens halbwilde Tiere, und man weiß von Fällen, in denen sie ihre Besitzer angegriffen und getötet haben. Vor ungefähr zehn Jahren trainierte eine Frau in den Nordwestgebieten ihr Hundeteam für die Teilnahme am jährlichen Schlittenhunderennen in Alaska. Sie ging mit Schneeschuhen voran, um einen Pfad zu bahnen, und fiel dabei um. Die Hunde stürzten sich auf sie und töteten sie.

Die arktischen Wolf-Haushund-Mischlinge sollte man freilich nicht mit den gezüchteten Huskies und Malamutes verwechseln, die außerhalb der nördlichen Gebiete als Haustiere, als Schau- und Rennhunde beliebt sind. Keines dieser Tiere besitzt frisch eingeschleuste Wolfsgene.

Wirkt es nicht wie eine Ironie seiner Geschichte, daß der Wolf, der so lange Zeit gehaßt wurde, nun als eine Art Schoßhündchen fungieren soll, vorausgesetzt allerdings, daß er eine Veränderung durch Haushundgene erfährt? Nicht

135

weniger traurig ist es, daß vor allem Menschen, die solche Tiere als Statussymbol halten und damit ihr Machoimage pflegen, meinen, sie müßten den Welpen, für den sie oft tausend Dollar bezahlt haben, durch Quälen in den Gehorsam zwingen, um so endlich Herr über das Tier zu werden.

Hybriden mit geringem Wolfsanteil und ebenso reine Wölfe, die im Rudel einen geringen Rang einnehmen würden, werden durch Quälen und Tyrannisieren zu servilen, neurotischen Wracks. Wendet man solche Erziehungsmethoden bei stärkeren Tieren an, so sind die Schwierigkeiten programmiert. Wenn jemand einen Hybriden mit überwiegendem Wolfsanteil kauft und ihn mit brutalen Methoden zu domestizieren versucht, so kann das Tier bösartig werden, vielleicht nicht gegen seinen Peiniger, dann aber gegen Besucher.

Im Oktober 1991 nahmen wir Silva bei uns auf. Die damals vier Monate alte Wölfin, das Maskottchen einer Motorradgang, hätte damals ein Gewicht zwischen 11 und 14 Kilogramm aufweisen müssen. Sie wog jedoch nur 5,5 Kilogramm. Man hatte sie mit Halsband und Leine an einen schweren Holzklotz gebunden, den sie in einem kleinen Gehege auf Betonboden hinter sich herziehen mußte. Die Folge war, daß ihre Oberschenkel- und Gesäßmuskeln nicht entwickelt waren; sie hoppelte nur, indem sie sich gleichzeitig mit beiden Hinterbeinen abstieß. Silva litt an Rachitis, was zu einer Kalziumansammlung in ihrem rechten Oberschenkelknochen geführt hatte, und ihr Fell war eine Katastrophe. Sie hatte keine Grannenhaare, und ihre Wollhaare sahen aus wie die eines geschorenen Schafes.

Abgesehen von ihrer miserablen physischen Verfassung stand Silva zudem unter hohem Streß, so sehr, daß sie keinen Laut von sich gab. Wahrscheinlich war sie als Welpe geschlagen worden, wenn sie heulte, denn Silva zeigte Streßsymptome, die man auch bei mißhandelten Kindern beobachten kann. Als ich ihr Verhalten Dr. Alyn Roberts, einem befreundeten klinischen Psychologen in

Wölfe sind nicht wasserscheu. Wie das Tier im Bild oben überqueren sie Flüsse und baden im Sommer gern an seichten Stellen, um sich abzukühlen.
© Erwin und Peggy Bauer

Madison, Wisconsin, beschrieb, bestätigte er, daß sie die klassischen Streßsymptome junger Menschen aufwies.

Als Silva bei uns einzog, mußten wir sie in einem Teil des Erdgeschosses unterbringen, der nie gepflastert worden war, dessen Fußboden also noch aus fest-
getretener Erde bestand. Eine Wand trennte ihren Teil des Untergeschosses
vom bewohnten Teil ab, und man gelangte dorthin über einen kleinen Zugang.
Hier verwöhnte Sharon die kleine Wölfin mit Aufmerksamkeiten, so daß sie zu
reagieren begann. Lange Zeit blieb sie mir gegenüber jedoch sehr scheu, sofern
ich mich nicht flach auf den Rücken zu Boden legte und mich nicht rührte.
Dann näherte sie sich vorsichtig, beschnüffelte mich, knabberte vielleicht an
meinen Schuhen oder zog an einem Hosenbein.

Später trug Sharon die Wölfin vom Untergeschoß in ein kleines Gehege an
der Nordseite unseres Hauses. Es maß nur sechs mal neun Meter, war mit Gras
bewachsen und besaß einen bequemen Schutzraum. Für einen Wolf reicht
sonst ein Gehege mit einer Fläche von 54 Quadratmetern nicht aus, doch mußten wir Silva ständig in unserer Nähe haben, unter anderem weil wir ihr
regelmäßig Medikamente geben mußten.

Allmählich wurde Silva auch mir gegenüber zutraulicher und folgte mir
sogar gelegentlich bei einem Gang um das Gehege, wobei sie im Spiel an
meinen Hosen knabberte. War ich außerhalb ihres Geheges, so forderte sie
mich zum Spielen auf: Sie machte den Rücken krumm, wedelte mit dem
Schwanz und schoß dann davon – die wölfische Einladung zur Verfolgung.
Kam ich jedoch in ihr Gehege, so hatte sie Angst und lief am Zaun hin und her.
Das war ihr wichtigstes Zeichen, Angst auszudrücken. Ich legte mich dann
hin, selbst mitten im Winter, und ließ sie herankommen. Sie untersuchte
mich mit der Nase und leckte mir vielleicht die Finger. Schließlich ließ sie es
gelegentlich zu, daß ich sie an der Brust streichelte. Wir beide machten
Fortschritte, doch wenn männliche Besucher kamen, rannte sie sofort wieder

137

ängstlich hin und her. Aus diesem Grund ließen wir nicht zu, daß sich Männer ihr näherten.

Gegenüber Frauen verhielt sich Silva zutraulich. Wenn sie das Gehege zum erstenmal besuchten, ging die kleine Wölfin direkt auf sie zu, leckte die dargebotene Hand und forderte dann zum Spiel auf. Sharon und sie waren natürlich unzertrennlich. Sie spielte mit ihr, stieg ihr auf den Kopf, stahl ihr die Handschuhe, kaute ihre Schnürsenkel und liebte sie inniglich.

Im Januar 1992 war die rachitisch bedingte Schwellung des Oberschenkels verschwunden. Silva hatte zugenommen, und es begannen ihr nun auch Grannenhaare zu wachsen. Sie waren noch ziemlich dünn, aber es war immerhin ein Anfang. Auf der anderen Seite hatte sie noch immer nicht den geringsten Laut von sich gegeben. Schwieg sie absichtlich, oder waren ihre Stimmbänder durch das Seil beschädigt, mit dem sie an dem Holzklotz befestigt gewesen war? Von ihrem Gehege konnte sie Tundra und Taiga sehen und hören. Beide heulten oft, winselten und bellten, wenn ihnen danach war, und in vorgetäuschten Kämpfen knurrten sie einander an. Tundra und Taiga konnten Silva mit dem Geruchssinn wahrnehmen, und auch das Umgekehrte galt, denn sie hatte uns durch viele Anzeichen verraten, daß ihr Geruchs- und Gehörsinn genauso scharf waren wie die der beiden anderen Wölfe.

Als Tundra und Taiga eines Frühlingsmorgens heulten, begann Silva zu reagieren. Sie saß auf ihren Oberschenkeln, hatte das große Gehege im Blickfeld, trug den Kopf erhoben und öffnete und schloß den Mund bei ihrer Antwort. Es war die klassische Wolfshaltung. Was allerdings aus ihrem Rachen kam, war kein Geheul, sondern ein vogelähnliches Piepen. Die Zeit verging, und ihre Stimme wurde besser. Zu der Zeit, da ich dies niederschreibe, hat sie noch nicht gebellt, obwohl sie halbwegs heulen kann und gelernt hat, vergnügt zu winseln.

Bevor Silva tatsächlich bei uns eintraf, hatten wir gehofft, wir könnten sie mit Taiga und Tundra bekannt machen. Denn Wölfe, besonders Weibchen, sind

Selbst im Schlaf sind die Ohren des Wolfes wachsam aufgerichtet.
© Wm. Munoz

138

normalerweise in Welpen vernarrt, selbst wenn sie aus einer fremden Familie stammen. Doch als sie bei uns war, merkten wir sofort, daß wir ihr keinesfalls ein Halsband anlegen und sie an einer Leine in das große Gehege führen konnten, wo wir sie gerne mit den älteren Wölfen bekannt gemacht hätten. Dennoch gaben wir die Hoffnung nicht auf und meinten, wir könnten vielleicht, wenn sie ein oder zwei Monate bei uns verbracht hätte, den ursprünglich gefaßten Plan doch noch durchführen. Doch es erwies sich als unmöglich. Obwohl Silva an Gewicht zunahm, sich mit Sharon anfreundete und selbst mich gelegentlich aufforderte, mit ihr zu spielen, würde sie es nie zulassen, in irgendeiner Weise gepackt zu werden. So blieb sie in ihrem kleinen Gehege, während ich über den Bau ihres endgültigen Quartiers nachdachte. Sie konnte nicht länger als bis April oder Mai in dem kleinen Gehege bleiben, da sie mehr Auslauf benötigte.

Durch Vermittlung der Tierschutzvereinigung in Ontario und von Audrey Tournay, einer weichherzigen englischen Dame, die nicht sehr weit von unserem Haus entfernt ein Wildtierasyl betreibt, bekamen wir noch ein weiteres Wolfsweibchen, das ebenfalls brutal behandelt worden war. In dieser Zeit hatten wir bereits ein großes, 1100 Quadratmeter umfassendes Gehege im stärker bewaldeten Teil unseres Besitzes errichtet, und ich beschloß, daß der Neuankömmling dort Aufnahme finden sollte. Ein Zaun trennte das Gehege in zwei Teile, wobei durch Öffnen eines Schiebegatters die Verbindung zwischen den beiden Teilen hergestellt werden konnte. Wir hatten gehofft, Silva würde das Gehege mit einem anderen Tier teilen. Ich wollte sie dort nicht allein unterbringen, weil ich fürchtete, daß sie durch die Isolierung wieder unter erheblichen Streß geraten würde.

Jedenfalls traf der Neuankömmling am 16. Mai 1992 ein. Was für ein erschütternder Anblick: Der Schwanz der Wölfin war bei einem Kampf mit sechs großen deutschen Schäferhunden – so wurde uns wenigstens erzählt – vollständig abgebissen worden, das rechte Ohr zur Hälfte. Der linke Oberschenkel-

»Der alte Anführer der Wölfe, er kam heraus, verließ das Rudel, und er trat vor unter den Baum, und er sah mich darauf. Er heulte ein paarmal, und dann ließen sie alle den einsamen Wolfsruf ertönen, und alle übrigen kamen. Und er führte sie weg auf eine große Wiese, und sie gruben dort an einem Biberhaus ... Nun, er ließ sie arbeiten und grub es auf, und wissen Sie, was sie da taten? Sie ließen den Biber kommen und den Baum durchbeißen, um mich zu kriegen. Ja! Ich saß dort und hielt still, und sie kamen und nagten und nagten am Baum, bis der Baum fiel. Doch ich war schon weg. Und ich kehrte in mein Lager zurück.«

JOE THIBADEAU, ZITIERT NACH *FOLKLORE OF CANADA* VON EDITH FOWKE

knochen war gebrochen gewesen und nicht mehr richtig zusammengewachsen, so daß sie nach einem ersten Nickerchen nur sehr unbeholfen auf die Beine kam. Ich sandte eine Probe ihrer Losung an unsere bewährte Tierärztin, Dr. Laurie Brown, und es zeigte sich, daß sie von Peitschen- und Hakenwürmern befallen war. Sofort erhielt die Wölfin Medikamente, um die Parasiten loszuwerden.

Aber auch über ihre Verletzungen und den Parasitenbefall hinaus befand sich die Wölfin in miserabler Verfassung. Ihr Fell wirkte wie das von Silva bei ihrer Ankunft, wie von Motten zerfressen, und erinnerte an das eines Schafes. Ihr waren keine Grannenhaare gewachsen. Haare brauchen zum Wachsen Proteine, doch ein unterversorgtes Tier benötigt die Proteine zunächst für wichtigere Dinge. Die Wölfin war mit billigem Trockenhundefutter ernährt worden, das man niemals Raubtieren geben sollte, da es für sie zu wenige Nährstoffe enthält und zudem den Darm schnell wieder verläßt. Wie wenn das alles nicht ausgereicht hätte, wurde Alba, »die Weiße«, wie wir sie wegen ihrer Fellfarbe auf lateinisch tauften, am Tag vor ihrer Ankunft bei uns auch noch von Hunden brutal zugerichtet. In der Schnauzengegend hatte sie zahlreiche oberflächliche Hautritzungen und zwischen zwei Zehen der rechten Vorderpfote eine böse Bißwunde. Die Pfote war angeschwollen, gerötet und schmerzte offenbar. Doch einen Tag, nachdem wir ihr drei Antibiotikatabletten gegeben hatten, war die Wunde fast verheilt – ein erneutes Beispiel für die Widerstandskraft der Wölfe und die Fähigkeit ihres Organismus, Wunden schnell verheilen zu lassen.

Wir fütterten Alba dreimal am Tag mit rohem Fleisch. Am ersten Tag verschlang sie viereinhalb Kilogramm davon; die Mischung bestand aus Rindfleisch, Hühnerfleisch, Rinderleber, Hackfleischbällchen und Markknochen. Zusätzlich bekam sie ein Vitaminpräparat, Kalzium und Lebertran. Ich weiß nicht genau, wieviel Alba bei ihrer Ankunft wog, doch ich hatte sie hochgehoben und schätzte ihr Gewicht auf 36 bis 38 Kilogramm.

Albas Persönlichkeit war und ist weiterhin sehr erstaunlich. Obwohl sie vor

Arktische Wölfe haben einen etwas kürzeren Rumpf als ihre Verwandten im Süden. Auch sind ihre Augen dunkelhaselnußbraun anstatt gelb.
© David Mech

ihrer Ankunft bei uns unter einer brutalen Behandlung, schlechter Ernährung und Parasitenbefall litt, ist sie zutraulich und freundlich. Wegen ihrer schweren Jugend wirkt sie äußerlich nicht anziehend, doch nach ihrem Temperament beurteilt, ist sie ein wundervolles Tier. Wie sie dies werden konnte, bleibt mir unbegreiflich. Sie ist ohne Zweifel der freundlichste Wolf, mit dem ich jemals zu tun hatte.

Wölfe sind ihrem Wesen nach zutraulich. Tundra und Taiga beispielsweise, die mich als Anführer ihres Rudels betrachten und Sharon als ein älteres, ranghöheres Mitgeschöpf, sozusagen als eine freundliche »Tante«, verlangen immer Zuneigung und Lob, wenn wir in ihr Gehege kommen, was wir mindestens zweimal am Tag tun. Wie alle Wölfe brauchen sie die Bestätigung durch die Familie. Aber nur in seltenen Fällen sind sie wirklich sanft, selbst wenn sie unsere Hände lecken oder sich an einen von uns lehnen, damit wir sie tätscheln und hinter den Ohren kraulen können. Wenn sie sich an uns lehnen, werfen sie uns fast um, was ihnen keine Schwierigkeiten bereitet, denn Tundra wiegt ungefähr 55 Kilogramm, und Taiga ist nur etwa fünf Kilogramm leichter. Es kommt oft vor, daß ich auf den Rücken geworfen werde. Tundra erhebt sich dann auf seine Hinterbeine und läßt sich mit seinen riesigen Vorderpfoten auf meine Schultern fallen. Dann steckt er mir neugierig die Schnauze in den Ausschnitt und leckt mir das Gesicht mit seiner langen breiten Zunge ab.

Alba hingegen ist die Sanftmut in Wolfsperson. Sie kommt ruhig heran, lehnt sich gegen uns und hält still, während Sharon sie bürstet oder ich sie streichle. Sie leckt nur in seltenen Fällen, doch liebt sie es, Sharons Hand oder Arm in den Mund zu nehmen. Das tut sie nie bei mir, da sie mich als Alphatier betrachtet.

Zwei Wochen nach Albas Ankunft entschieden wir, daß die Zeit reif sei, Silva in den anderen Teil des Geheges zu bringen. Wir sahen der Aktion aber mit Bangen entgegen. Trotz ihrer engen Beziehung zu meiner Frau ließ die junge

143

Wölfin es nicht zu, daß Sharon sie auch nur für den Bruchteil einer Sekunde festhielt. Mit Sicherheit würde sie es noch weniger zulassen, daß man sie trug oder ihr ein Halsband anlegte, um sie daran zu führen. Möglicherweise hätten wir sie zwingen können, doch fürchteten wir, sie könnte dadurch erneut in argen Streß geraten.

Wir baten Dr. Brown zu uns, die darauf mit der Veterinärtechnikerin Debbie Barry eintraf. Wir beschlossen, Sharon solle Silva eine Injektion mit einer kleinen Dosis eines Betäubungsmittels geben. Die Injektion sollte die Wölfin beruhigen und es schließlich Dr. Brown ermöglichen, sie vollständig zu betäuben. Dann sollte sie untersucht und ohne Streß transportiert werden. Aber die Dinge liefen ganz anders.

Zuerst brauchte Sharon ungefähr eine halbe Stunde, bis sie der Wölfin eine winzige Menge des Betäubungsmittels einspritzen konnte. Als es den Anschein hätte, als sei Silva wenigstens etwas beruhigt, war die Reihe an Frau Dr. Brown. Doch sobald sie sich ihr näherte, erwachte Silva und begann im Gehege herumzutaumeln. Dr. Brown versuchte es erneut, und es gelang ihr, der Wölfin eine kleine Menge des Betäubungsmittels zu injizieren. Doch das reichte immer noch nicht. Silva lag zwar in scheinbar völliger Ruhe da, doch wenn jemand sich ihr näherte, sprang sie sofort auf und taumelte davon. Der Adrenalinstoß dämpfte die Auswirkungen des Betäubungsmittels, und wir mußten von neuem beginnen. Schließlich hatte Sharon Erfolg. Silva war nun so weit beruhigt, daß Debbie sie hochheben konnte. Debbie trug den Körper, und Dr. Brown stützte den Kopf. Ich blieb abseits, während die Prozession die neunzig Meter zum Gehege zurücklegte, wo Silva an einer schattigen Stelle niedergelegt wurde.

Die ganze Episode hatte wegen der Widerstandskraft des Tieres gegen das Betäubungsmittel zwei Stunden in Anspruch genommen. Dr. Brown blieb keine Zeit mehr, sie zu untersuchen. Nachdem aber Silva eine aktive junge Wölfin ist, die gerne spielt und Unfug treibt, dürfen wir annehmen, daß sie gesund ist.

»Eines Tages im zeitigen Frühjahr ging Nanabozho mit Old Man Timber Wolf und seinen beiden Söhnen auf die Jagd. Als der Abend herannahte, suchten sie einen Platz zum Schlafen ... In der Nacht wurde es Nanabozho zu kalt. Old Man Wolf sagte seinen Söhnen, sie sollten Nanabozho zudecken. Sie legten ihre Schwänze über ihn, doch Nanabozho mochte das nicht, denn es wurde ihm davon zu warm. Dann nahmen die Wölfe ihre Schwänze wieder von Nanabozho weg. Da wurde es ihm wieder kalt. Und das ging die ganze Nacht hindurch so.«

AUS *NANABOZHO AND THE WOLVES* IN DEM BUCH *OJIBWA MYTHS AND LEGENDS* VON SISTER BERNARD COLEMAN U.A.

Wenn Wölfe von einem Beutetier fressen, kann es zu kleineren Streitigkeiten kommen.
© Fred Harrington

Wenn wir auf die Geschichte des Wolfes zurückblicken, stellen wir fest, daß nur wenige Säugetiere den Menschen stärker beeinflußt haben. Selbst auf dem Höhepunkt ihrer Verfolgung wurden Wölfe in zahlreichen Gegenden der Erde verehrt. Und obwohl viele Menschen danach trachteten, möglichst viele Wölfe zu töten, gab es auch andere, die das Tier bewunderten, es verehrten, seinen Namen übernahmen und sich sogar bei zeremoniellen Anlässen als Wölfe verkleideten.

KAPITEL 7

VERBREITUNG UND POPULATIONEN DES WOLFES

DER WOLF HATTE EINST DAS GRÖSSTE NATÜRLICHE VERBREITUNGSGEBIET UNTER allen Landsäugetieren mit Ausnahme des Menschen. Früher kam er auf der gesamten nördlichen Halbkugel vor, besonders in Eurasien und Nordamerika. Sein Reich erstreckte sich von der kanadischen Ellesmere-Insel, die 600 Kilometer vom Nordpol entfernt ist, bis in die Bergregionen Mexikos. Die einzigen Barrieren, vor denen die Ausbreitung des Wolfes haltmachte, waren Wüstengebiete und die Regenwälder im Süden Mexikos. Freie Wölfe leben heute noch in siebenundzwanzig Ländern, sind aber in den meisten davon vom Aussterben bedroht.

Beim internationalen Wolfssymposion, das in der Stadt Washington im Mai 1987 abgehalten wurde, berichtete Luigi Boitani von der biologischen Fakultät der Universität Rom über die europäischen Wölfe (*Canis lupus lupus*). Er mußte feststellen, daß der Lebensraum des Wolfes in Eurasien auf einen sehr kleinen Teil des ursprünglichen Verbreitungsgebietes zusammengeschrumpft war. Er meinte: »...die dramatischsten Veränderungen finden in Europa und in südlichen Ländern statt.« Hier sind die Tiere zu einer Koexistenz mit dem Menschen gezwungen und müssen mit der

Nach großen Anstrengungen oder nach dem Säugen der Welpen brauchen Wölfe viel Wasser. Durch schnelles Lecken mit der Zunge nehmen sie das Wasser auf.
© Thomas Kitchin

146

vermehrten Nutzung der Umwelt und den ökologischen Veränderungen zurechtkommen, die durch die steigenden Bevölkerungszahlen ausgelöst werden.

Am Beispiel der Wölfe in Italien, meinte Dr. Boitani, lassen sich die Beziehungen zwischen Wolf und Mensch besonders gut darstellen. Der italienische Wolf gehört zu den am besten erforschten in Eurasien, nachdem er seit 1972 kontinuierlich in einer Reihe biologischer Untersuchungen studiert wurde. Unterstützt vom *World Wide Fund for Nature* begannen die Italiener mit einer Zählung der Wölfe und zeichneten mit Hilfe radiotelemetrischer Messungen ihre Wanderungen auf, nachdem sie eine Reihe von Tieren lebendig gefangen und mit einem Halsband mit Funkgerät versehen hatten. 1973 wurde klar, daß nur noch einige wenige hundert Wölfe in Italien lebten. Ihr Verbreitungsgebiet beschränkte sich auf die Bergregionen im zentralen und südlichen Teil des Landes.

Nachdem die ursprünglichen Beutetiere des Wolfes in Italien gegen Ende des 19. Jahrhunderts ausgerottet wurden, müssen sich die überlebenden Tiere ihre Nahrung meist auf den Müllhalden abgelegener Dörfer zusammensuchen. Sie ziehen dabei einzeln oder in Paaren und nicht so sehr in Rudeln umher. Dr. Boitani vertritt jedoch die Ansicht, daß sie sich tagsüber zu Rudeln zusammenfinden, um gemeinsam zu ruhen.

Obwohl die Hirten ihre Tiere sorgfältig bewachen, schnappen sich Wölfe gelegentlich ein oder zwei Schafe. Manchmal töten sie auch Rinder, meist Kälber. Wie man es aus der Geschichte kennt, erhebt sich lautes Geschrei, wenn Wölfe Haustiere reißen. Die Rachegelüste gegen den Wolf stellen nach Meinung der Forscher die größte Bedrohung für das Überleben des Raubtieres dar. Vor kurzem hat allerdings die italienische Regierung auf Initiative der Wolfsbiologen ein Gesetz erlassen, das Bauern für von Wölfen gerissenes Vieh vollständige Entschädigung gewährt. Das neue Gesetz verbietet außerdem den Einsatz vergifteter Köder.

Ein italienischer Wolf im Nationalpark in den Abruzzen. In Italien leben nur noch etwa 250 Wölfe.
© Michael Leach / NHPA

Gegenüberliegende Seite: Frühere und heutige Verbreitung des Wolfes.

Frühere Verbreitung

Grauwolf

Rotwolf

Heutige Verbreitung

Grauwolf

Rotwolf

Quelle: J. R. Ginsberg und D. W. Macdonald, *Foxes, Wolves, Jackals and Dogs: An Action Plan for the Conservation of Canids*, IUCN/SSC Canid Specialist Group und IUCN/SSC Wolf Specialist Group (Leitung L. D. Mech), Gland, Schweiz 1990, S. 38 und 40

Als Ergebnis dieser aktiven Schutzmaßnahmen, so konnte Dr. Boitani dem Symposion berichten, stieg die Wolfspopulation in den vergangenen zehn Jahren um fünfzig Prozent. Allerdings befürchtet der Biologe, daß insgesamt noch immer nicht mehr als 200 bis 300 Wölfe in Italien leben.

Das Überleben des Wolfes in Italien wird auch durch die hohe Zahl verwilderter und herumstreunender Hunde bedroht. Nach Dr. Boitani bewegen sie sich frei im gesamten Wolfsgebiet und konkurrieren mit den Wölfen um Nahrung und Territorien. Kreuzungen zwischen Wölfen und wilden Hunden wurden bereits nachgewiesen. Die Hunde machen Jagd auf Haustiere, doch die meisten Schäden werden den Wölfen angelastet. Das hat zum Teil psychologische Gründe, geschieht aber auch deshalb, weil die Bauern in manchen Provinzen nur entschädigt werden, wenn sie angeben, ihr Vieh sei von Wölfen gerissen worden.

»Das Überleben der Wölfe wird letztlich davon abhängen, ob das Problem der verwilderten und herumstreunenden Hunde zu lösen ist, das allerdings komplexe historische, ökologische und psychologische Aspekte aufweist«, schloß Dr. Boitani.

Im Jahr 1992 waren die Probleme der italienischen Wölfe dieselben. Ihr Bestand schlich bei 250 Exemplaren gerade so dahin. Nach Ansicht der *International Union for Conservation of Nature and Natural Resources* (IUCN) ist der Wolf in Italien stark bedroht.

Auch der spanische Wolf (*Canis lupus signatus*) wird in nicht allzu ferner Zukunft vom Aussterben bedroht sein, obwohl man die Population heute noch auf 500 bis 1000 Exemplare schätzt. Die Populationsdichte der Tiere ist gering, und IUCN stuft sie als »bedroht« ein, was bedeutet, daß das ursprüngliche Verbreitungsgebiet auf zehn Prozent geschrumpft ist.

Der spanische Wolf genießt teilweise gesetzlichen Schutz, doch wurden kaum Anstrengungen unternommen, dem Gesetz Geltung zu verschaffen. Soll-

Ein israelischer Wolf.
Die beiden Wolfsunter-
arten im Mittleren
Osten sind stark bedroht.
© Jean-Paul Ferrero /
Auscape

WOLFSPOPULATION IN NORDAMERIKA

Staat/Provinz	Anzahl	Verbliebenes Verbreitungs-gebiet in Prozent	Ursachen des Rückgangs
Alaska	6000, gesichert	100 %	Bekämpfungsprogramme
Alberta	4000, gesichert	80 %	Verlust des Lebensraums, Verfolgung, Konflikte mit Landwirten
Labrador	Unbekannt	95 %	Unbekannt
Manitoba und Saskatchewan	Unbekannt	70 %	Verfolgung im Süden, Verlust der Lebensräume, Konflikte mit Landwirten
Mexiko	Unter 10, hoch gefährdet	Unter 10 %	Schutz wird nicht durchgesetzt, Verfolgung, Zerstörung der Lebensräume
Michigan und Wisconsin	35, hoch gefährdet, konstant	10 %	Verfolgung, Zerstörung der Lebensräume
Minnesota	1200, gesichert	30 %	Verfolgung, Zerstörung der Lebensräume
Neufundland	Ausgestorben	0 %	Unbekannt
Nordwestliche Vereinigte Staaten	30, hoch gefährdet, sich langsam erholend	5 %	Verfolgung, Zerstörung der Lebensräume
Nordwestgebiete	5 000 bis 15 000, gesichert	100 %	Stabil
Ontario, Quebec	10 000?	80 %	Verfolgung, Verlust der Lebensräume, Konflikte mit Landwirten
Südwestliche Vereinigte Staaten	ausgestorben	0 %	Verfolgung, Zerstörung der Lebensräume
Provinz Yukon	8000, gesichert	80 %	Verlust der Lebensräume, Verfolgung, Konflikte mit Landwirten

WOLFSPOPULATION IN EUROPA UND ASIEN

Staat/Provinz	Anzahl	Verbliebenes Verbreitungsgebiet in Prozent	Ursachen des Rückgangs
Ägypten (Sinai)	30, hoch gefährdet	90 %	Kein Schutz, Verfolgung
Afghanistan	1000?, im Rückgang begriffen	90 %	Unbekannt
Albanien	Unbekannt	Unbekannt	Unbekannt
Arabische Halbinsel	Unter 300, im Rückgang begriffen	90 %	Kein Schutz, Verfolgung
Bhutan	Unbekannt	Unbekannt	Unbekannt (doch unter Schutz stehend)
Bulgarien	100?, stabil, doch hoch gefährdet	Unbekannt	Kein Schutz, Verfolgung, Zerstörung der Lebensräume
China	Unbekannt	20 %	Verfolgung, Ausrottung, Zerstörung der Lebensräume
Finnland	Unter 100, Einzeltiere und Paare	Unter 10 %	Verfolgung, kein Schutz
Griechenland	500+, gesichert, im Rückgang	60 %	Verfolgung, Zerstörung der Lebensräume
Grönland	50?, bedroht	Unbekannt	Verfolgung
Indien	1000 – 2000, Einzeltiere oder einzelne Paare, gefährdet	20 %	Rückgang der Beutetiere, Verfolgung, Schutz wird nicht durchgesetzt
Iran	Über 1000, gesichert	80 %	Verfolgung
Irak	Unbekannt	Unbekannt	Unbekannt
Israel	100 – 150, hoch bedroht	60 %	Zerstörung der Lebensräume, Verfolgung
Italien	250, hoch bedroht	10 %	Verfolgung, Zerstörung der Lebensräume, Ausrottung der Beutetiere
Jordanien	200?, hoch bedroht	90 %	Verfolgung, kein gesetzlicher Schutz
Früheres Jugoslawien	2000, starker Rückgang	55 %	Verfolgung, Zerstörung der Lebensräume
Libanon	Unter 10, hoch bedroht	Unbekannt	Kein Schutz, Verfolgung
Mitteleuropa	Ausgerottet	0 %	Verfolgung, Zerstörung der Lebensräume
Mongolei	10 000+, gesichert, doch im Rückgang begriffen	100 %	Bekämpfungsprogramme
Nepal	Unbekannt	Unbekannt	Unbekannt
Pakistan	Unbekannt	Unbekannt	Unbekannt
Polen	900, gesichert	90 %	Verfolgung, Zerstörung der Lebensräume
Portugal	150, hoch bedroht	20 %	Verfolgung, Zerstörung der Lebensräume
Rumänien	2000?, im Rückgang begriffen	20 %	Kein Schutz, Verfolgung, Zerstörung der Lebensräume
Schweden, Norwegen	Unter 10, hoch bedroht	Unter 10 %	Verfolgung
Spanien	500 – 1000, bedroht	10 %	Verfolgung, Zerstörung der Lebensräume
Syrien	200 – 500, niedrige Populationsdichte, hoch bedroht	10 %	Kein Schutz, Verfolgung
Tschechei / Slowakei	100?, starker Rückgang, gefährdet	10 %	Kein Schutz, Verfolgung, Zerstörung der Lebensräume
Türkei	Unbekannt, gesichert, doch im Rückgang begriffen	Unbekannt	Kein Schutz, Konflikt mit Landwirten
Frühere UdSSR (Asien)	50 000, gesichert	75 %	Überall Bekämpfungsprogramme, Verfolgung, Zerstörung der Lebensräume
Frühere UdSSR (Europa)	20 000, gesichert	60 %	Überall Bekämpfungsprogramme, Verfolgung, Zerstörung der Lebensräume
Ungarn	Ausgerottet	0 %	Unbekannt

Quelle: J. R. Ginsberg und D. W. Macdonald, *Foxes, Wolves, Jackals and Dogs: An Action Plan for the Conservation of Canids*, IUCN/SSC Canid Specialist Group und IUCN/SSC Wolf Specialist Group (Leitung L. D. Mech), Gland, Schweiz 1990, S. 38 – 39

ten die Zerstörung seiner Lebensräume und die Verfolgung nicht aufhören, wird er bald ausgerottet sein.

Die wichtigsten Beutetiere der Wölfe in Spanien sind Haustiere, besonders Schafe, ferner Wildschweine und Rehe. Hirten töten Wölfe bei jeder sich bietenden Gelegenheit; sie schießen auf jeden Wolf, der ihnen vor die Flinte kommt. Die Jagd endet gelegentlich mit dem Erlegen einer Wolfsmutter, deren Welpen man dann aus dem Bau holt und sie wie Trophäen von Dorf zu Dorf reicht, um den Erfolg der Jäger zu dokumentieren und die Dorfbewohner wissen zu lassen, daß der Verlust der Schafe nun gerächt ist. Die Welpen werden vorgeführt, bis sie wegen Hunger oder Austrocknung verenden, denn auf ihrer Tournee erhalten sie weder Wasser noch Futter.

Die Lage in Portugal ist noch schlimmer als in Spanien und Italien. In dem Land leben vielleicht noch 150 Wölfe (*Canis lupus signatus*). Obwohl eine internationale Naturschutzorganisation, die *Grupo Lubo*, für die Tiere kämpft und sogar ein Schutzgebiet durchgesetzt hat, werden die Tiere immer noch bei jeder sich bietenden Gelegenheit getötet. Der portugiesische Wolf genießt wie der spanische zum Teil gesetzlichen Schutz, doch wird hier wie dort dem Gesetz keine Geltung verschafft.

Es mutet an wie eine Ironie der Geschichte, daß in Frankreich ausgerechnet in der Gemeinde Gévaudan, die vor zweihundert Jahren vom »Ungeheuer von Gévaudan« heimgesucht wurde, ein Rudel von Wölfen lebt, allerdings in Gefangenschaft. Man hält die Tiere in großen Gehegen, und viele Touristen kommen, um sie zu sehen.

Vor kurzem importierte die Schauspielerin und Naturschützerin Brigitte Bardot acht mongolische Wölfe (*Canis lupus chanco*) über ihre Stiftung nach Frankreich. Die Tiere waren die Überlebenden von ursprünglich 100 Wölfen, die von ungarischen Geschäftsleuten gekauft worden waren und in Budapest darauf warteten, in einem Schlachthaus getötet und abgehäutet zu werden. Die

Ein Kojote prüft den Panzer eines Gürteltiers.
© Mike Biggs

Der Indische Wolf gilt als gefährdet.
© E. Hamumantha
Rao /NHPA

Felle sollten der Kürschnerindustrie verkauft werden. Der Bürgermeister von Budapest stoppte die Aktion, als er davon hörte. Er setzte sich mit der Stiftung von Brigitte Bardot in Verbindung und teilte ihr in nicht ganz korrektem Französisch mit: »Ces loups sont vous« (Die Wölfe gehören Ihnen). Bald darauf nahmen die Wölfe, in drei Lastwagen verfrachtet, die Fahrt nach Frankreich auf. Nach fünf Tagen empfing sie dort Brigitte Bardot und brachte sie in einem fünf Hektar großen Gehege in einem Tierpark in Sainte-Lucie (Lozère) unter. Abgesehen von Tieren, die in Gefangenschaft gehalten werden, ist der Wolf in Frankreich ausgestorben. Doch fast jeden Herbst erscheinen Berichte darüber, daß im Norden des Landes Wölfe gesichtet wurden.

In Norwegen leben nur noch etwa zehn Wölfe. Obwohl sie vollen gesetzlichen Schutz genießen, wird das Gesetz kaum angewandt, so daß es fraglich ist, ob die Art überhaupt noch eine Überlebenschance hat. Dennoch gibt es Menschen, die nachdrücklich ihren Schutz fordern, unter ihnen der Philosoph Arne Naess und der Biologe Ivar Mysterud, die beide an der Universität von Oslo lehren. Im Jahr 1987 schrieben sie zusammen eine Arbeit mit dem Titel *Philosophy of Wolf Policies I: General Principles and Preliminary Exploration of Selected Norms.* In der Zusammenfassung heißt es:

Als ein Philosoph und ein Biologe wollen wir hier einige vorläufige Gedanken über Werte und Normen in der Beziehung zwischen dem Wolf und dem Menschen darlegen. Im Zentrum stehen die Probleme im Zusammenhang mit der heutigen Verbreitung des Wolfes in Norwegen. In diesem Land sollte eigentlich eine gemischte Gesellschaft aus Schafen, Wölfen und Menschen leben. Zur Zeit haben wir 3,2 Millionen Schafe, 4,1 Millionen Menschen und fünf bis zehn Wölfe. Die Wölfe leben in einem beschränkten Gebiet mit kleinen, verstreuten Schaffarmen. Die Farmer akzeptieren die Wölfe nicht und finden dabei lokal Unterstützung ...

In ihrer Arbeit plädieren die Verfasser für den Schutz des Wolfes und schreiben: »Ohne den geringsten Zweifel empfehlen wir den Wolf als Mitglied der nordischen Lebensgemeinschaft.« Das Papier schließt mit dem Ausdruck der Besorgnis und gleichzeitig dem Versprechen, dieses Thema weiter zu vertiefen und darüber zu schreiben.

Vor der Wiedervereinigung Deutschlands gab es gelegentlich Berichte über vereinzelte Wölfe, die in der Bundesrepublik lebten. Man weiß von fünf bei verschiedenen Gelegenheiten getöteten Tieren, und es gibt einzelne unbestätigte Berichte, wonach Wölfe gesichtet wurden. Vor gut zehn Jahren flohen Wölfe, die ein Forscher in einem Gehege gehalten hatte, und wurden ebenfalls getötet. Nach der Wiedervereinigung gab es Meldungen über Wolfsvorkommen im äußersten Nordosten, in einem Gebiet nahe der polnischen Grenze zwischen Pasewalk im Norden und Eberswalde-Finow im Süden; es umfaßt ungefähr 1200 Quadratkilometer. Eine offizielle Bestätigung fehlt bisher. Abgesehen von Tieren, die aus der Gefangenschaft entkommen sind, beziehen sich alle übrigen Beobachtungen wilder Wölfe auf Exemplare, die aus Polen über die Grenze gekommen sind.

Schätzungen zufolge leben in Nordamerika zwischen 35 000 und 40 000 Wölfe, die Mehrzahl davon in Kanada. In den Vereinigten Staaten hat Alaska die höchste Population mit ungefähr 6000 Tieren. Kurz nach der Jahrhundertwende waren die Wölfe in den 48 amerikanischen Bundesstaaten fast ausgerottet, und in Südkanada war die Population stark gelichtet. Der artverwandte Kojote nutzte diese Situation zu seinem Vorteil aus.

Im Gegensatz zu den Verhältnissen im Wolfsrudel gibt es bei Kojoten keine Art von Geburtenkontrolle. Ein gesundes Weibchen kann bis zu achtzehn Welpen werfen. Sie hat allerdings nur acht Zitzen, und so ist es höchst unwahrscheinlich, daß alle überleben. Im Durchschnitt bringt jedes Paar fünf bis sechs Welpen pro Jahr zur Welt. Die Tiere, die bis zum zweiten Lebensjahr über-

Kojoten ernähren sich überwiegend von kleinen Säugetieren, obwohl sie auch Hirsche jagen.
© Erwin und Peggy Bauer

154

Diese Wolfsfelle, die in Kanada an der Leine hängen, sind für den Verkauf bestimmt. Sie erinnern an den Krieg, der seit Jahrhunderten zwischen Mensch und Wolf tobt.
© W. Perry Conway

leben, werden sich mit großer Wahrscheinlichkeit paaren und eigene Junge aufziehen. Im Gegensatz zum Wolf, der in Rudeln lebt und bei dem sich nur die Leittiere paaren, neigen die Kojoten zu einer geometrischen Vermehrung, das heißt 2, 4, 8, 16, 32 Paare und so weiter.

Das Verbreitungsgebiet des Kojoten hat sich in vielen Regionen Kanadas und der Vereinigten Staaten dramatisch ausgeweitet. Ursprünglich lebten die Kojoten in eher offenem Gelände von Mittelamerika bis zum Präriegebiet der Vereinigten Staaten und Kanadas. Bis 1908 waren sie weder in Ontario noch in anderen bewaldeten Gebieten Nordamerikas bekannt. Seit damals nehmen sie Gebiete in Besitz, in denen die Wolfspopulationen durch Verfolgung dünn geworden sind. Heute kommen die Kojoten in den meisten kanadischen Provinzen, in den nördlichen Bundesstaaten und an der Pazifikküste der USA vor. Sie gelangten bis nach Alaska und in die südlichen Gebiete der Provinz Yukon.

Die Situation in Eurasien und in den übrigen Teilen der Welt, in denen noch Wölfe wild leben, unterscheidet sich stark von der in Nordamerika. Außerhalb Nordamerikas gibt es keine Kojoten. Man züchtet in einigen Teilen Skandinaviens den ursprünglich sibirischen Marderhund (*Nyctereutes procyonides*), dessen Fell zu Pelzen verarbeitet wird. Der Marderhund könnte zu einem Problem werden, wenn er in größerer Zahl in freier Wildbahn überlebt.

In Alaska gibt es immer noch Programme zur Bekämpfung der Wölfe. Die Tiere werden von Flugzeugen geschossen oder in Fallen gefangen. Dasselbe gilt für alle kanadischen Provinzen. Dazu kommt, daß Wölfe wegen ihres Fells und als Trophäe ganz legal gejagt werden. Die Trophäen, auch von gewilderten Tieren, gehen dann an Käufer in Kanada, in den USA und in Westeuropa.

Trotz dieser deprimierenden Fakten gibt es auch Anlaß zur Hoffnung. In den vergangenen Jahren wandten sich immer mehr Menschen gegen die Verfolgung von Wölfen. Viele betrachten heute den Wolf als Symbol des Mutes, des Durchhaltevermögens und der Intelligenz.

Der Mexikanische
Wolf ist stark gefährdet.
© C. Allan Morgan

ORGANISATIONEN ZUM SCHUTZ DES WOLFES

KANADA

Canadian Wolf Defenders
Box 3480, Stn. D
Edmonton, Alta.
T5L 4J3

Wolf Awareness International
G-2 Farms
RR #3
Ailsa Craig, Ont.
NOM 1AO

World Wide Fund for Nature Canada
90 Eglinton Ave. E.
Ste. 504
Toronto, Ont.
M4P 2Z7

VEREINIGTE STAATEN

Defenders of Wildlife
1244 Nineteenth St. N.W.
Washington, DC 20036

International Wolf Center
5930 Brooklyn Blvd.
Ste. 200
Brooklyn Center, MN 55429

North American Wolf Society
P.O. Box 82950
Fairbanks, AK 99708

Preserve Arizona's Wolves
1413 East Dobbins Rd.
Phoenix, AZ 85040

Wolf Ecology Project
120 Derns Road
Kalispell, MT 59901

The Wolf Fund
P.O. Box 471
Moose, WY 83012

Wolf Haven America
3111 Offut Lake Rd.
Tenino, WA 98589

World Wide Fund for Nature
1250 24th St. N.W.
Washington, DC 20037

INTERNATIONAL

Wolf Haven International
7447 Boston Harbour Road NE
Olympia, WA 98506

World Conservation Union
World Conservation Centre
Avenue du Mont-blanc
CH-1196 Gland
Schweiz

World Wide Fund for Nature
Panda House
Weyside Park
Godalming, Surrey
England GU7 IXR

VERÖFFENTLICHUNGEN

Wolf! Magazine
Janet Lidle
P.O. Box 112
Clifton Heights, PA 19018

Wolf News
c/o Dick Dekker
3819-112A St.
Edmonton, Alta.
T6J 1K4

Red Wolf Newsletter
c/o Will Waddell
Research Biologist
Point Defiance Zoo and Aquarium
5400 North Pearl St.
Tacoma, WA 98407

BIBLIOGRAPHIE
– AUSWAHL –

Allen, Durward L.: Wolves of Minong, Boston 1979

– The costly and needless war on predators. Audubon Magazine, 1963, 65 (2): 82-89, 120-121.

– Wolf research on Isle Royale, in: North American Big Game 7. Ed., Dumfries, VA 1977

Banfield, A. W. F.: The Mammals of Canada, Toronto 1974

Fiennes, Richard: The Order of Wolves, London 1976

Fox, Michael W.: Behaviour of Wolves, Dogs and Related Canids, London 1971

– The Soul of the Wolf, Boston 1980

– The Whistling Hunters: Field Studies of the Asiatic Wild Dog (Cuon alpinus), Albany, NY 1984

Ginsberg, J. R. und Macdonald, D. W.: Foxes, Wolves, Jackals, and Dogs. An Action Plan for the Conservation of Canids, Gland, Schweiz: IUCN, 1990

Griffin, Donald R.: Animal Thinking, Cambridge 1984

Harrington, F. und Paquet, P. (Hg.): Wolves of the World, New York 1982

Klinghammer, E. (Hg.): The Behaviour and Ecology of Wolves, New York 1979

Lawrence, R. D.: In Praise of Wolves, New York 1986

– Secret Go the Wolves, New York 1980

Leydet, François: The Coyote: Defiant Songdog of the West, Norman, Oklahoma 1988

Mech, L. David: The Wolf: The Ecology and Behaviour of an Endangered Species, Minneapolis 1981

Mech, L. David: Der Weiße Wolf, München 1990

Mech, L. David: Auf der Fährte der Wölfe, München 1992

Murie, Adolph: The Wolves of Mount McKinley, Washington, D.C. 1944

Naess, Arne und Mysterud, Ivar: Philosophy of Wolf Policies I: General Principles and Preliminary Exploration of Selected Norms, Conservation Biology, May, 1987

Nowak, Ronald M.: Walker's Mammals of the World. Bd. 2, Baltimore, MD 1991

Peek, J. M. u.a.: Reservation of Wolves in North America. Wildlife Society Technical Review, 91-1, Bethesda, MD 1991

Peterson, Rolf Olin: Wolf Ecology and Prey Relationships on Isle Royale. National Park Service Scientific Monograph Series, No. 11, 1977

Pollard, John: Wolves and Werewolves, London 1964

Ragache, C.-C. und G.: Les loups en France, Paris 1981

Rutter, Russel J. und Pimlott, Douglas H.: The World of the Wolf, New York 1968

Schenkel, R.: Behaviour of Wolves. Behaviour 1, 1947 (2) 81-129.

Standen, V. und Foley, R. A. (Hg.): Socioecology: The Behavioral Ecology of Humans and Other Mammals, Boston 1989

Wayne, R. K. und Jenks, S. M.: Mitochondrial DNA analysis implying extensive hygridization of the endangered red wolf Canis lupus, Nature 351, 1991, 565-568.

Young, Stanley P. und Goldman, Edward A.: The Wolves of North America, New York 1944

Zimen, Erik: Der Wolf, Verhalten, Ökologie und Mythos, München 1990

REGISTER